Carine Arribeux

Bordeaux

Le guide

Éditions SUD OUEST

Plan de Bordeaux

Table des matières

Les incontournables.................................... 4

1// Rendez-vous au port de la Lune........6
Paludate réinventé...................................... 8
Les portes de la ville................................ 10
La porte Cailhau.. 12
La place de la Bourse................................ 14
Les quais paysagers.................................. 16
La place des Quinconces........................... 18
Souvenirs du commerce colonial.............. 20
Le quai des Chartrons................................ 22
Les Bassins à flot....................................... 24
La base sous-marine.................................. 26
Une cité pour le vin.................................... 28
Bacalan.. 30
Éléments d'architecture............................ 32

2// Centre historique..............................34
La gare et Sainte-Croix.............................. 36
La place Saint-Michel................................ 38
Le quartier Saint-Michel............................ 40
Les Capucins, quartier des halles............ 42
La place de la Victoire............................... 44
La Grosse Cloche et Saint-Paul................ 46
La place et le quartier Saint-Pierre.......... 48
La place du Parlement.............................. 50
La place Pey-Berland................................. 52
Autour du musée d'Aquitaine................... 54
Le Grand Théâtre et le Triangle............... 56
Le quartier des Grands Hommes............. 58
Escales hors du temps.............................. 60
La place Gambetta..................................... 62
D'un musée à l'autre.................................. 64
Saint-Seurin et Palais Gallien.................... 66
Le Jardin public et le Muséum.................. 68
Les Chartrons... 70

3// En s'écartant un peu du centre........72
Le quartier Mériadeck............................... 74
Le quartier Saint-Bruno............................. 76
Caudéran et le Parc bordelais................... 78
Autour du Parc Rivière............................... 80
Bordeaux-Lac et ses parages.................... 82

4// Bordeaux d'en face............................84
La caserne Niel et Darwin......................... 86
La Bastide des XIXe et XXe siècles............. 88
Le vestibule du XXIe siècle......................... 90
Le parc aux Angéliques............................. 92
Carnet pratique.. 94
Crédit photographique.............................. 95
Plan du tramway.. 96

Les incontournables

Place Pey-Berland

Cité du Vin

Quais rive droite

Les Chartrons

Depuis la rive droite

Grand Théâtre

Vieux Bordeaux

Quais rive gauche

Miroir d'eau

Grosse Cloche

1// Rendez-vous au port de la Lune

Le quai des Chartrons.

Paludate réinventé

▲ La Méca.

Une arche blonde profilée, des bâtiments signatures, et, très prochainement, un pont-ruban conçu par Rem Koolhaas... C'est un **visage contemporain** que Bordeaux présente aux visiteurs venus du sud. Engagé depuis 2010 dans l'une des plus vastes opérations d'aménagement de France (**Euratlantique**), le quartier entourant la gare a presque achevé sa métamorphose.

Rares, désormais, sont ceux qui se souviennent que les marais ou « palus » ont donné leur nom au quai de Paludate à l'époque marécageuse d'avant le XVIIe siècle. Progressivement asséchées, les terres humides ont accueilli des chantiers navals, des raffineries de sucre et autres manufactures, avant que la construction du pont de Pierre, en 1822, ne perturbe les activités portuaires. L'implantation des abattoirs de la ville en 1938 donne une nouvelle animation au faubourg populaire. Les vaillants du petit matin côtoient les figures d'une nuit qui prend ses aises dans le quartier. Paludate devient célèbre, dans les années 1990, pour son offre prolifique en bars, clubs, discothèques et autres lieux noctambules. Partiellement détruits par un incendie en 1997, les abattoirs, quant à eux, périclitent. Ils ferment définitivement en 2011, tandis que l'arrivée programmée de la LGV à Bordeaux donne à la ville de nouvelles ambitions. Se dessine un projet d'aménagement métissé entre quartier d'affaires et de vie ; productivité, culture et épicurisme... Entre l'imposante Maison de l'Economie Créative et de la Culture en nouvelle Aquitaine (Méca) et le foodcourt de la Boca, les contrastes architecturaux forment un décor singulier d'anciens bâtiments réhabilités et d'immeubles aux lignes profilées. Ils donnent au quartier un nouveau caractère.

La halle Boca

Constituée en réalité de trois bâtiments aux lignes arrondies et d'un morceau des anciens abattoirs, la Halle Boca est, avec la Meca, l'un des marqueurs forts du quartier. Orchestré

▲ La halle Boca.

par Nicolas Michelin, l'ensemble architectural comprend un hôtel quatre étoiles et plus de 10 000 m² de bureaux. Mais il se résume souvent dans la tête des Bordelais à son novateur « foodcourt »: 1 300 m² dévolus à la bonne chère sous l'ancienne halle Debat-Ponsan aux superbes lignes années 1930.

La Méca

Totem culturel aux dimensions spectaculaires, la Maison de l'Economie Créative et de la Culture en nouvelle Aquitaine réunit en un même lieu les acteurs institutionnels de la création régionale. Marquant l'entrée sud de la ville, l'arche de 12 000 m² dessinée par l'architecte danois Bjarke Ingels accueille le Frac Nouvelle-Aquitaine (Fonds régional d'art contemporain), l'Alca (Agence Livre, Cinéma et Audiovisuel) et l'Oara (Office artistique de la Région). On peut y voir trois à quatre fois par an les expositions temporaires du FRAC, ainsi qu'un certain nombre d'événements, spectacles ou concerts en lien avec son activité de médiation culturelle ou de création artistique.

À faire

Ne pas manquer de monter sur le **toit terrasse** de la Méca. Librement accessible au public, il offre l'un des plus beaux panoramas de Bordeaux à 37 m de haut !

Où manger ?

Au foodcourt de la Boca, où l'offre est foisonnante. Une quinzaine de corners indépendants de restauration ou de boissons y déclinent 7 jours sur 7 une offre variée à partager sur de vastes tables d'hôtes centrales.

Au Crem, le café-restaurant de la Méca. Ouvert en journée continue, il donne dans la gourmandise vertueuse (priorité aux produits locaux, bio ou agriculture raisonnée) et dans la convivialité, en accueillant ses convives autour d'une grande table unique de 56 couverts en forme de croix, designée par l'architecte Bjarke Ingels.

▲ Quai de Paludate.

▲ La porte de Bourgogne.

Les portes de la ville

C'est à partir de Sainte-Croix, au sud, que les quais de Bordeaux invitent à la promenade. Passé le conservatoire de musique, la **rue du Port** est réputée avoir été la première ouverte au Moyen Âge, par les moines de l'abbaye, pour accéder à la rivière d'où arrivaient hommes et marchandises.

Un peu plus loin, la **porte de la Monnaie** vint entailler les remparts en 1758 pour faciliter le trafic entre les quais et le quartier des Capucins. Dotée d'une belle frise et d'une corniche, elle faisait partie d'un ensemble de portes en forme d'arc voulues par l'intendant Tourny.

On se préoccupait peu de loisirs à l'époque ! Le début du XXIe siècle a corrigé cette lacune en installant, juste en face, le **Parc des Sports de Saint-Michel**. Librement accessible, celui-ci déroule 55 ha d'équipements sportifs (dont le fronton emblématique) pour la pratique, en bord de Garonne, du foot, du basket, du beach volley, du rink hockey ou de la pelote basque.

Au droit du pont de Pierre, à quelques centaines de mètres, la monumentale **porte de Bourgogne** est la cadette de trois ans de celle de la Monnaie. Véritable arc de triomphe dédié au fils du Dauphin (le duc de Bourgogne), elle remplaça l'ancien « portau des Salinières » ouvert dans l'enceinte au XIVe siècle. Reliant le quartier commerçant de la Rousselle à la rivière et au port des Salinières, le « portau » se refermait sitôt entrouvert « à ceux qui arrivaient de nuit par marée ou voulaient s'embarquer, ou venaient du côté de la terre ».

Devenue porte d'entrée de la ville avant même la construction du **pont de Pierre**, au début du XIXe siècle, la porte de Bourgogne est, avec ses colonnes doriques et son puissant entablement, un majestueux signe de bienvenue aux visiteurs venus de l'est.

▲ Le Conservatoire, la porte de la Monnaie, le Parc des Sports de Saint-Michel.

L'histoire de la colonne

En face de la rue des Faures, une colonne crénelée dont le sommet semble arraché intrigue souvent les passants. Contrairement à ce que dit une tenace fable urbaine, elle n'a jamais représenté la tête éclatée d'un obus. Érigée en 1787, cette œuvre de l'architecte Bonfin (à qui l'on doit aussi l'hôtel de Lisleferme abritant les collections du muséum au Jardin Public) n'était autre qu'une fontaine dont les concrétions symbolisent un jaillissement aquatique.

À faire

Les terrains de jeu et de sports (basket, volley-ball, pelote basque…) sont à la disposition du public.

Où manger ?

Dans l'un des innombrables restaurants qui étirent leurs terrasses sur les quais, ou sous l'une des enseignes de la galaxie Xiradakis, rue Porte-de-la-Monnaie. La découverte des spécialités régionales prend toutes les formes gourmandes entre version gastronomique à **la Tupiña**, et généreuse authenticité à **la Taupinière** quai de la Monnaie.

La porte Cailhau

Depuis la fin du XVe siècle, un brin en retrait de l'alignement des quais, la **porte Cailhau** regarde passer les siècles avec une placide indifférence. Superbe subsistance d'un Bordeaux médiéval préfigurant la Renaissance, cette porte défensive en même temps qu'arc de triomphe fut construite entre 1493 et 1496 en souvenir de la conquête de Naples et de la victoire de Charles VIII à Fornoue, que soutinrent les Bordelais. Surmontée de mâchicoulis et de toits aigus portant lucarnes et lanternes, elle est percée de meurtrières. Elle faisait, au XVe siècle, partie de la première enceinte. Les historiens ne s'accordent pas sur l'origine de son nom, référence, selon les uns, à une grande famille bordelaise, selon les autres, aux cailloux qui s'amassaient à ses pieds et qui servaient de lest aux navires.

Dans son dos, la **place du Palais** est l'une des plus charmantes de la ville avec ses terrasses animées, sa fontaine contemporaine et ses jeunes lilas des Indes (ou margousiers). Après s'être appelée Brutus pendant la Révolution, la place doit son nom au feu palais de l'Ombrière construit à partir du XIe siècle, successivement résidence des ducs de Guyenne et d'Aquitaine, avant de servir de tribunal, de prison, de brûler et d'être démoli dans les années 1800.

▲ La place du Palais, toujours animée.
◀ La porte Cailhau vue de la rive droite.
▼ La maison écocitoyenne.

Des docks écocitoyens

Face à la porte Cailhau, à quelques mètres de la rivière, le drôle de toit ondulé de la Maison écocitoyenne attire l'œil. Installée dans un ancien bureau de recrutement des dockers, elle multiplie les regards sur le développement durable en animant expositions, échanges et rencontres. Sa réhabilitation HQE (Haute Qualité Environnementale) offre un exemple concret des techniques existant en matière de rénovation respectueuse de l'environnement. Le bâtiment offre aussi l'agrément de pauses sur la terrasse de son Café Lunaire en bord de Garonne.

À faire

La **visite de la Porte Cailhau** offre une double vue superbe : sur sa charpente en bois, d'une part, et sur le panorama du fleuve, d'autre part. ✆ 05 56 00 66 08.

Où manger ?

Dans le savoureux antre du slow food **Déméter**, rue Ausone ; chez le très carnivore **Brutus**, rue du Palais de l'Ombrière et le soir, sous les belles voûtes en pierre du chaleureux **Stai Calmo** (bonne cuisine familiale italienne), rue du Cerf-Volant, ou sous les heureux auspices viticoles du **Bon Jaja**, en bas du cours Alsace-Lorraine.

La place de la Bourse

▲ La place de la Bourse.
▼ Le miroir d'eau.

Majestueusement dessinée en bord de Garonne, la **place de la Bourse** incarne le classicisme bordelais. Initialement nommée place Royale, la première brèche ouverte dans le rempart médiéval de la ville par l'intendant Claude Boucher est due à l'architecte Jacques Gabriel (qui œuvra notamment place Vendôme à Paris) et à son fils, Ange-Jacques. Réalisée entre 1731 et 1755, elle a l'élégance des plus beaux ensembles architecturaux du XVIIIe siècle français.

Abritant désormais la chambre de commerce et d'industrie de Bordeaux, le **musée des Douanes**, un restaurant gastronomique et un espace consacré au **classement Unesco**, la place de la Bourse ne bruit plus de l'effervescence qui animait jadis ce point central du Bordeaux maritime. Les visiteurs arpentent calmement son pavé, levant les yeux vers les nombreux **mascarons**, ces visages de pierre malicieux ou rêveurs qui ornent ses façades.

Le miroir d'eau

À la somptueuse place de la Bourse, Bordeaux a offert en 2006 un caprice narcissique à sa hauteur : le plus grand miroir d'eau du monde ! Point d'orgue du réaménagement

Les Trois Grâces

Avant la fontaine que l'on connaît aujourd'hui, c'est une statue équestre monumentale de Louis XV qui trônait sur la place Royale. Fondue à la Révolution, elle a été remplacée en 1869 par une fontaine des Trois Grâces (Gumery, d'après Visconti), filles de Zeus nommées Thalie, Aglaé et Euphrosyne. D'aucuns disent qu'il s'agirait de l'impératrice Eugénie, de la reine d'Angleterre Victoria et de son égale d'Espagne, Isabelle II.

▶ Les Trois Grâces.

des quais, cette féerie aquaphile de 3 450 m² conçue par le fontainier Jean-Max Llorca alterne les effets de miroir et de brume selon que deux centimètres d'eau stagnent sur la dalle en granit ou qu'ils sont propulsés par quelque 900 injecteurs pour générer un brouillard pouvant atteindre 2 mètres de hauteur… Il est inspiré du phénomène climatique des inondations hivernales de la place Saint-Marc à Venise. Pôle d'attraction touristique, but de balade familiale en été, lieu de rendez-vous nocturne pour la jeunesse, il est devenu l'icône d'un Bordeaux métamorphosé.

À faire

Visiter le **musée des Douanes**. Dans l'ancien hôtel des Fermes du Roi, ancêtre XVIIIe de la douane sous l'Ancien Régime, une salle de 40 m de long aux superbes voûtes et piliers abrite une collection unique en France d'œuvres d'art, d'outils, d'archives, d'espèces naturalisées et autres saisies. ✆ 09 70 27 57 66.

Les quais paysagers

▲ Les quais.
▶ Paquebot et Bat3.

Les quais symbolisent le réveil de la « Belle Endormie », comme on avait surnommé Bordeaux à la fin du XXe siècle. Réhabilités par le paysagiste **Michel Corajoud**, les quais dits « jardinés » de la rive gauche ont achevé de signer, en 2009, la renaissance de la ville. Après des siècles d'intense activité laborieuse, les bords de la Garonne ont été rendus au simple plaisir de flâner. Alternant jardins, commerces, espaces de jeux, lieux de culture et de rencontres, cette longue bordure entre ville et fleuve s'étire sur près de 4,5 km de long et 80 m de large. Elle est devenue le décor préféré des balades dominicales et l'ambassadrice désignée d'une certaine aspiration à la convivialité et à l'hospitalité urbaines.

Composé de part et d'autre du miroir d'eau, le **Jardin des lumières** est peut-être l'endroit le plus bucolique. Cet espace paysager composé de plus de 200 plates-bandes et d'environ 33000 plantes dessine un décor végétal de plantations basses qui ménagent la vue jusqu'à l'autre rive de la Garonne. Une quarantaine d'arbustes, de vivaces, graminées, plantes annuelles et bisannuelles y vivent au rythme des saisons et reconnectent les promeneurs avec la nature. Entre pensées, pâquerettes, myosotis, giroflées, primevères et autres choux, on peut y aiguiser ses connaissances botaniques grâce au système de QR code qui informe sur les espèces présentes.

Le contraste est saisissant avec l'image qu'offrait la ville à la fin des années 1990: les quais n'évoquaient alors que façades noircies, flot de circulation et hautes grilles séparant le port du reste de la vie bordelaise. Il faut recourir aux livres et aux peintures dans les musées (notamment au musée d'Aquitaine) pour se figurer que du Moyen Âge jusqu'à la fin du XVIIe siècle, les berges étaient naturelles et seulement ponctuées, çà et là, de quelques aménagements de cales; qu'au XVIIIe, siècle d'or, jusqu'à 3000 navires pouvaient mouiller dans le port ; ou qu'aux plus proches XIXe et XXe siècles les hangars proliféraient sur les quais, au point de masquer la Garonne.

Avec les quais paysagers, Bordeaux a retrouvé son fleuve. Et le fleuve lui-même a connu un sursaut d'activité. Même s'il y a encore de la marge pour concurrencer les milliers de navires qui mouillaient au XVIIIe siècle dans le port de la Lune, la navigation fluviale est croissante sur la Garonne ! Une navigation de loisirs voit se côtoyer, en plein cœur de ville, les gigantesques paquebots et les bateaux de tourisme proposant, depuis le ponton d'honneur du quai Richelieu, des balades sur la rivière qui vont parfois jusqu'à l'estuaire.

À faire

S'offrir un échantillon de croisière pour le prix d'un ticket de tram ! Intégrés au réseau de transport en commun bordelais, les **Bat3** (à prononcer « batcub ») assurent la navette fluviale entre la Bastide et Lormont en faisant cinq escales. Embarquez au ponton Yves-Parlier, place Stalingrad, ponton Jean-Jaurès aux Quinconces, aux Hangars ou à la Cité du Vin, pour rallier Lormont, au pied du pont d'Aquitaine.

Où manger ?

Sur l'un des **bancs du Jardin des lumières**, en emportant son pique-nique, ou à **La Belle Époque**, sur le quai Louis-XVIII, dans une ambiance fin XIXe siècle sur fond de faïences **Vieillard**.

La place des Quinconces

Parfois comparée à la place des Invalides à Paris, elle se targue d'être la plus grande place d'Europe. Annoncée, côté Garonne, par une volée de marches monumentales et deux **colonnes rostrales** (ornées de proues de navires) de style néoclassique, l'immense **place des Quinconces** s'étire sur 12 ha, dont 6 ha plantés d'arbres… en quinconces, comme le suggère son nom.

Aménagée en dix-huit ans, entre 1810 et 1828, elle est venue remplacer le vaste **château Trompette** qui avait été érigé au XVe siècle pour incarner l'autorité des rois de France sur la ville reprise aux Anglais. Elle vit au rythme des foires, brocantes ou cirques qu'elle accueille. Si, en dehors même de ces moments d'animation, elle reste un lieu très fréquenté, ce n'est pas seulement pour la mine du **Montaigne** et du **Montesquieu** de marbre qui se rappellent au souvenir des passants, sous les platanes latéraux. C'est qu'à l'extrémité ouest de l'esplanade trône l'un des monuments les plus emblématiques de la ville : le **monument aux Girondins**.

Élevé à partir de 1894 à la gloire des Girondins de la Révolution (et non à celle de l'équipe locale de ballon rond, comme on peut l'entendre parfois !), cet ensemble à la fois statuaire et fontaine est considéré comme l'un des plus remarquables monuments civils du XIXe siècle. Conçu par le sculpteur Alphonse Dumilâtre et l'architecte Victor Rich, ce chef-d'œuvre de style pompier est composé de deux éléments principaux.

Haute de 43 m, une colonne de pierre supporte **La Liberté brisant ses chaînes**, une statue de bronze de 11 m visible de nombreux points de la ville.

De part et d'autre de la colonne, deux ensembles-fontaines symbolisent l'attachement de Bordeaux à la République. Si, par un curieux paradoxe, les députés Girondins mis à l'honneur n'ont jamais pu intégrer le monument faute de budget suffisant,

◀ La place des Quinconces pendant la Foire aux plaisirs.
▲ Au pied de la colonne, les chevaux des Girondins.

les emblématiques chevaux marins et les groupes de bronze des bassins latéraux ont été sauvés de la fonte à laquelle ils étaient promis sous l'occupation allemande et ont repris leur place en 1985.

Voltige, ménageries et autres rhinocéros

Elle en aurait des choses à conter, la grande dame des Quinconces, en presque deux siècles de fêtes et festivités ! Les éléphants du roi de Siam, en 1831, ont précédé les démonstrations de voltige, les cirques monumentaux, la magie égyptienne, les reconstitutions de charge d'artillerie, les clowns, les magiciens ou les expositions universelles. Elle accueille, depuis 1854, à chaque automne et chaque printemps (les trois dernières semaines d'octobre et les trois premières semaines de mars), la fameuse **Foire aux plaisirs** réunissant autour de la grande roue quelque 200 manèges et attractions.

À faire

Foire aux plaisirs, deux fois par an (mars et octobre).

Foire à la brocante, deux fois par an (avril et novembre).

Où manger ?

À l'impérissable brasserie **L'Orléans**, sur les allées du même nom, au décor inchangé depuis son ouverture en 1942, ou au bar à vin du **CIVB**, cours du XXX-Juillet, en dégustant des crus de Bordeaux.

Souvenirs du commerce colonial

Un peu en retrait, sur les quais, à quelques encablures au nord des Quinconces, l'altier immeuble de la **Bourse maritime** en impose par son assurance. Construit dans les années 1920, il est une réplique exacte du pavillon central de la place de la Bourse. De part et d'autre, se trouvent deux hauts points d'intérêt bordelais.

Le premier, rue Ferrère, est le **CAPC**. Remarquable à la fois par son contenu et son contenant, le musée d'art contemporain de Bordeaux occupe l'ancien Entrepôt réel des denrées coloniales. Également connu sous le nom d'Entrepôt Lainé, le bâtiment avait été construit dans les années 1820 pour stocker les marchandises (sucre, café, cacao, coton, épices…) produites par les planteurs aux colonies et réexportées vers l'Europe du Nord par les négociants bordelais. Sauvé de la démolition dans les années 1970, réhabilité par les architectes Jean Pistre et Denis Valode (avec des aménagements intérieurs d'Andrée Putman), il a été inauguré en tant que musée en 1984. S'étendant des années 1960 aux tendances actuelles de la création, sa collection se compose d'environ 1 000 œuvres réalisées par 140 artistes.

Une aile de l'entrepôt est occupée par **Arc en rêve centre d'architecture**, passionnant espace d'expositions, conférences, débats et autres actions de sensibilisation culturelle à l'architecture, la ville, le paysage et le design.

Le second, de l'autre côté de la Bourse maritime, est le

▲ L'hôtel Fenwick (détail).

◀ La nef de l'Entrepôt Lainé, devenu CAPC.
▲ Le cours Xavier-Arnozan.

cours Xavier-Arnozan, l'un des plus élégants et harmonieux de la ville. Né, au XVIIIe siècle, de la transformation de l'ancien pavé des Chartrons en une promenade bordée d'arbres, il abrite un superbe ensemble de demeures bourgeoises et d'hôtels particuliers, représentatifs des styles Louis XV et Louis XVI à leur apogée. À l'entrée du cours, côté quais, l'**hôtel Fenwick** est considéré comme ayant abrité le premier consulat des États-Unis dès 1795.

À faire

Lever les yeux sur les façades du cours Xavier-Arnauzan. Caractéristiques des architectures d'inspiration française et anglaise qui ont cohabité là, elles affichent de ravissants balcons dits « sur trompes » ornés de véritables arabesques de fer forgé.

CAPC musée d'art contemporain : ✆ 05 56 00 81 50

Arc en rêve centre d'architecture : ✆ 05 56 52 78 36

Richesses marchandes

Si le vin avait été à l'origine de la fortune bordelaise du XIVe siècle, c'est le commerce colonial qui lui a offert son second âge d'or au XVIIIe siècle. Premier port colonial du pays à la veille de la Révolution, Bordeaux s'est enrichie non pas tant du commerce triangulaire, qu'elle a pratiqué « à la marge » (dont on estime quand même à plus de 150000 le nombre de ses victimes…), que de transactions fructueuses avec les colonies Antillaises et notamment Saint-Domingue où de nombreux planteurs et « propriétaires » d'esclaves étaient originaires de la région… Détail pour certains, circonstance atténuante pour d'autres, c'est des profits de l'esclavage plus que de la traite des Noirs « proprement dite » que Bordeaux a tiré sa richesse.

Le quai des Chartrons

▲ Le quai des Chartrons.

Un *skatepark*, des espaces verts, des terrasses de cafés, un centre d'exposition, des commerces, une promenade en bord de Garonne, un musée… Tout en conservant les vestiges du passé portuaire de la ville, le grand tronçon du quai des Chartrons est sans doute l'un de ceux qui illustrent le plus radicalement la métamorphose bordelaise du début des années 2000.

Il faut se rappeler, pour le croire, que la prolifération des hangars et des gares maritimes avait formé, du pont de Pierre aux Bassins à flot, un sombre ruban de béton, coupant – y compris des yeux – tout accès au fleuve voisin. De 20 m² en 1830, la silhouette austère des docks avait atteint 600 m² à la fin du XIXe siècle et jusqu'à 3 500 m² au milieu du XXe siècle. Sans compter qu'en 1927 des grilles allaient séparer pour 70 ans la ville du port, devenu autonome. Leur démantèlement, en 1997, serait le geste fondateur de la reconquête des quais.

Toute empreinte du passé maritime de la ville n'a pas disparu pour autant. N'arrimant parfois plus que les regards, les bittes d'amarrage continuent de ponctuer les berges, mais surtout, les hangars fraternisent avec le public. Largement éclaircie, la guirlande grisailleuse s'est convertie en pôle d'attraction. Purement rasés, réhabilités voire reconstruits, repeints dans un dégradé de tons clairs rappelant la blondeur des façades bordelaises, les hangars étirent désormais sur 880 m leur numérotation de 14 à 20. Devenu lieu d'accueil pour les salons et manifestations, le **hangar 14** inaugure l'enfilade. Il est suivi des hangars 15 à 19, partagés entre la trentaine de boutiques d'usine et la dizaine de cafés et restaurants du **quai des Marques**.

◀ L'hôtel Seeko'o, Cap Sciences, le pont Chaban-Delmas.

▼ Le marché des Chartrons.

Long de 433 m, le **pont levant Jacques Chaban-Delmas** est doté d'une travée centrale de plus de 2 500 t, grande comme un terrain de football, qui se lève en 10 minutes à près de 60 m au-dessus du niveau du fleuve. Il est le plus long pont levant d'Europe.

À faire

- **Visiter Cap Sciences.** Au pied du pont Chaban-Delmas, le hangar 20 attise et nourrit les curiosités scientifiques. Inauguré en 2002 dans un lieu spécialement conçu par l'architecte Bernard Schweitzer, le musée s'anime de grandes expositions ludiques et d'ateliers multiples qui œuvrent avec intelligence à la connaissance des sciences et technologies.
- **Faire le marché** sur les quais dans un décor, en bord de Garonne, difficile à concurrencer : bio le jeudi matin et pléthorique le dimanche, véritable point de rassemblement du tout Bordeaux et de ses visiteurs de passage. Une soixantaine de stands proposant des spécialités régionales et exotiques et de quoi grignoter sur place jusqu'au début de l'après-midi.

Où manger ?

Chez **Symbiose** le soir : cuisine d'auteur et superbe carte de cocktails.

La base sous-marine

Mastodonte de 42 000 m², la **base sous-marine** est sans doute le monument le plus emblématique du quartier des Bassins à flot. Bâti par les forces d'occupation de 1941 à 1943, l'« Unterseebootebunker » de 245 m de long et de 165 m de large a abrité dans ses 11 alvéoles jusqu'à 15 sous-marins de la douzième flottille allemande. Quelque 2 500 prisonniers ou requis (Français, Russes, Espagnols, Portugais…) ont participé à sa construction, y laissant parfois leur vie. Protégé par des murs de béton armé de 2 à 5 m de large et par une dalle anti-bombes atteignant 7 m d'épaisseur, le fameux U-bunker a traversé sans broncher la guerre et les décennies qui ont suivi. Souvenir parfois encombrant, il a été successivement abandonné, menacé de destruction (hypothèse finalement jugée trop coûteuse), occupé par un musée de la Plaisance et prêté à l'accueil d'événements culturels et artistiques.

Pièce maousse du nouveau Bordeaux Maritime, la base sous-marine achève sa métamorphose. Quatre de ses alvéoles confiées par la ville à Culturespaces se sont réincarnées en 2019 en le plus grand centre d'art numérique du monde ! Les **Bassins de Lumières** proposent des expériences visuelles et sonores concoctées sur-mesure et consacrées aux grands artistes de l'histoire de l'art, comme à la création contemporaine. Épousant l'architecture monumentale des lieux, les œuvres numériques se reflètent dans l'eau des quatre immenses bassins sur 12 m de haut, 22 m de large et 110 m de long. L'impression est époustouflante !
La découverte peut se poursuivre dans « Le Cube », un espace insonorisé et isolé dédié au travail d'artistes spécialisés dans l'art immersif à partir de créations contemporaines ou dans « La citerne immersive » aménagée pour pouvoir s'asseoir ou s'allonger et approcher autrement les expositions numériques… Un petit musée présente éga-

◀ La base sous-marine.
▲ Les Bassins de Lumières, 2020.

lement l'histoire d'un bâtiment longtemps sous-exploité, mais dont le projet de réaménagement urbain du quartier vise de mettre en valeur l'exceptionnel potentiel, incluant les sept autres alvéoles et le toit. Accolé à la partie principale de la Base, L'Annexe accueille une programmation artistique tournée vers les formes émergentes et emblématiques de la création contemporaine.

En mémoire des Républicains espagnols

Une stèle en béton de 4,50 m s'élève devant la Base sous-marine. Inaugurée en 2012, elle rend hommage « à la mémoire des milliers de Républicains exilés espagnols qui participèrent sous la contrainte nazie, entre 1941 et 1943, à la construction de cette base sous-marine de Bordeaux. En particulier à ceux d'entre eux qui périrent d'épuisement noyés ou ensevelis dans les profondeurs des fondations. Et aussi aux travailleurs forcés de différentes nationalités qui trouvèrent dans ce chantier dantesque un lieu de souffrance et de sacrifice. » On estime à 3000 environ le nombre de réfugiés espagnols qui contribuèrent à la construction de la base. Et à 70 celui de ceux qui y laissèrent la vie.

À faire

Aller manger, boire un verre, danser ou voir un concert à **l'IBoat** sur le Bassin à Flot n° 1. Dérouté de son port d'attache vendéen, l'ancien ferry qui reliait le continent à l'île d'Yeu a jeté l'ancre à Bordeaux en 2011. Phare dans la renaissance du quartier, il est devenu un lieu culturel et festif de référence, embarquant sur ses trois niveaux une salle de concert, une (bonne) cantine et une terrasse sur le pont.

Une cité pour le vin

Bordeaux, « toi qu'illustrent tes vins et tes fleuves » écrivait déjà le poète Ausone à sa cité natale au IVe siècle... Le nom de Bordeaux est si étroitement lié au vin dans l'imaginaire de la planète, qu'il était presque étonnant que la ville ait attendu si longtemps pour se doter d'un emblème à la mesure de sa réputation. Inaugurée en 2016 en bord de Garonne, **La Cité du Vin** symbolise de façon la plus contemporaine quelque 2000 ans d'une liaison qui a littéralement fondé la ville.

La vigne est déjà là en l'an 71 de notre ère quand Pline visite Burdigala. Les premiers occupants celtiques des lieux, les Bituriges Vivisques, ont planté leur propre vignoble d'un nouveau cépage résistant au froid: le Biturica. À l'heure de la conquête romaine, la culture viticole est en marche. Le premier âge d'or intervient au XIIe siècle. avec le mariage d'Aliénor d'Aquitaine avec Henri II de Plantagenêt. Les vins de Guyenne obtiennent du roi d'Angleterre le monopole de la production, de la vente, de l'expédition et la de distribution vers la Grande-Bretagne. La Garonne, précieuse alliée, facilite les exportations. Le vignoble s'étend dans les faubourgs et sur les coteaux. Au XVIIe siècle, les Hollandais, les Hanséates et les Bretons s'ajoutent à la clientèle, puis suivent les îles d'outre-Atlantique au temps des grandes colonies. Après avoir résisté indifféremment aux invasions, à l'oïdium, au phylloxera, au mildiou, au gel, à la canicule et la concurrence du Bourgogne, le vin de Bordeaux installe et conforte sa belle renommée mondiale.

Magnanime, quoi qu'il en soit, la ville n'a pas réservé sa **Cité du Vin** à la promotion des crus locaux. À des visiteurs transformés en acteurs de leur visite, le site propose un véritable voyage dans le temps et l'espace, à la découverte des civilisations du vin. Le parcours scénarisé dans les 6 espaces et

◄▲ La Cité du Vin, une immersion dans le monde du vin.

18 modules approche le nectar sous ses multiples visages. On y survole les vignes du monde, fait l'inventaire des œuvres d'art œnophiles, découvre toutes les étapes de la métamorphose du raisin, s'intéresse aux routes qu'emprunte le vin, interroge des experts en marketing ou en droit, souligne ses liens étroits avec la gastronomie, évoque la fascinante ambiguïté de ses relations à l'homme, du partage à l'excès… Bref, fait, sur un mode immersif, un passionnant tour de la question.

Où manger ?

Au **7, le restaurant panoramique** de la Cité du Vin, offrant depuis son 7ᵉ étage non seulement de goûteuses spécialités, mais une vue superbe sur la Garonne, ou aux **Halles de Bacalan**, les toutes voisines pourvoyeuses de gourmandises locales.

Volutes d'or en bord d'eau

Dessiné par les architectes Anouk Legendre et Nicolas Desmazières, le bâtiment de la Cité du Vin est revêtu de panneaux de verre sérigraphié et d'aluminium laqué irisé. Il est inspiré à la fois par le cep noueux de la vigne, le vin tournant dans le verre et les remous de la Garonne.

Bacalan

En bloquant la circulation des bateaux au sud et en décalant les activités portuaires vers l'aval du fleuve, c'est paradoxalement la construction du pont de Pierre, au début du XIXe siècle, qui a accéléré le développement de ce faubourg du nord de la ville. Asséché au XVIIe siècle, ce qu'on appelait « le palu de Bordeaux » avait commencé à s'urbaniser. En 1785, le gigantesque Magasin des vivres de la Marine s'était installé rue Achard : 25 000 m² dévolus à la fabrication, au conditionnement et au stockage des denrées de la Marine royale. Mais c'est la délocalisation des chantiers navals qui allait véritablement marquer l'essor du quartier. Autour des activités directement maritimes, Bacalan voyait, à la fin du XIXe siècle, se multiplier les industries : usines de raffinage, de mécanique, de wagonnage, d'aviation, mais encore biscuiteries, verreries et autres poteries engageant jusqu'à 14 000 ouvriers.

Modelée par son histoire, l'âme de ce quartier populaire conserve une identité forte. Et sa grande mutation actuelle s'orchestre autour des vestiges de son passé. Confiés au sculpteur Jean-François Buisson, **les Vivres de l'Art** ont mué les beaux bâtiments des anciennes Vivres de la Marine en lieu de rendez-vous artistique et culturel. Un peu plus haut (109, rue Achard), les anciens Magasins de tabac du XIXe siècle ont été convertis en logements. Au n° 190, les murs portent encore le nom des **Raffineries de Bordeaux** qui comptaient dans les années 1840 parmi les 35 bordelaises traitant 12 000 t de sucre et de mélasses venues des Antilles, soit 15 % environ de la consommation européenne. Rue des Étrangers, au n° 1, **Le Garage Moderne** partage entre atelier associatif et événements culturels l'espace d'un immense hangar qui fabriquait des ailes d'avion dans les années 1930.

Le quartier porte également l'intéressante empreinte d'un certain urbanisme social qu'on peut reconnaître dans les anciens Bains Douches de l'architecte Pierre Ferret

◀ Le Garage moderne.

▲ Divers visages de Bacalan : les Vivres de l'Art, la cité Claveau, les jardins ouvriers, la place Buscaillet.

(1937, **place Buscaillet**) ou dans la **cité Claveau**, seul véritable exemple de cité-jardin, réalisée dans les années 1950. À l'emplacement où s'érigeait la mythique Cité Lumineuse inspirée par Le Corbusier dans les années 1960, s'étire désormais le **parc de Bacalan**, espace de promenade de plusieurs hectares d'où la vue est superbe sur le fleuve et les coteaux de la rive droite.

Va donc, hé morue !

La morue a la peau dure dans le quartier de Bacalan ! Contrairement à ce qu'affirme une légende urbaine têtue, l'appellation du quartier ne vient pas du nom portugais du poisson (*bacalhau*) pêché par les morutiers des siècles derniers. Si elle était effectivement déchargée sur ces quais, la morue rapportée des campagnes de pêche des terre-neuvas n'était pas traitée sur place. Elle était transportée dans les sécheries de Bègles, commune voisine, au sud, devenue le principal centre morutier de France. Quant au Bacalan du quartier, c'est selon les historiens plus vraisemblablement du nom d'un parlementaire protestant du XVIIe siècle qu'il vient.

Où manger ?

Le temps d'un en-cas de midi à la **Cantine du Garage Moderne**, rue des Étrangers ; au **Bar de la Marine**, rue Achard et spécialement dans son adorable jardin aux beaux jours ou, pour un épicurisme plus chic, aux **Halles de Bacalan**.

À faire

Visiter **L'Artichaut**, tiers lieu installé dans un ancien hangar de stockage, place Pierre-Cétois, à la fois espace d'exposition, lab accueillant des projets artistiques, agence d'urbanisme, potager urbain et « espace nourricier » (le Garde-Manger).

▶ Une sente nouvellement créée.

Éléments d'architecture

La pierre

Les variations de sa blondeur dans les caprices du soleil ont inspiré tous les poètes. Composant l'essentiel des façades classiques et encore la majorité de ses constructions, la pierre calcaire de Bordeaux reste caractéristique de la ville. C'est semble-t-il un édit d'Henri IV en 1607 qui, en interdisant progressivement l'emploi du bois dans la structure des murs de construction pour éviter la propagation du feu, a enclenché le processus de pétrification de la ville. Le phénomène s'est accéléré au XVIIe et surtout au XVIIIe siècle, le bassin de l'Éogène fournissant, dans un rayon de 25 km, un sous-sol riche en veines calcaires. Rendant à la pierre noircie les chaudes nuances de sa clarté originelle, la vaste campagne de ravalement engagée à la fin des années 1990 a contribué à la métamorphose de la ville.

Les échoppes

Une porte, une ou deux fenêtres, une façade de pierre de plain-pied cachant souvent un petit jardin… L'échoppe est la petite maison de faubourg la plus caractéristique du paysage urbain bordelais. Très ancienne, elle a pour ancêtre l'appentis (« choppa » en gascon) qui s'appuyait contre les remparts de la ville médiévale. À partir du XVIIIe siècle, elle devient un modèle d'habitat typique des travailleurs modestes et se multiplie en périphérie. Désormais très prisées, on estime qu'elles sont environ 16 000 sur le territoire métropolitain.

Les mascarons

Sans en avoir l'exclusivité, Bordeaux se pose en grande spécialiste de ces masques de personnages qui ornementent ses façades. Rieurs, gracieux, nobles, burlesques, ils offrent à ceux qui lèvent un peu le nez une formidable galerie de portraits. Hérités de l'Antiquité gréco-romaine, ils se sont multipliés surtout dans le cours du XVIIIe siècle sous l'influence des grands architectes tels que Gabriel et Portier. Selon les recenseurs les plus fins, la ville en compterait 2000 dont une succession admirable sur les façades des quais.

Les sceaux jacquaires

À ceux qui baissent aussi les yeux, il n'aura pas échappé que le sol bordelais est marqué de sceaux circulaires en bronze décorés d'étoiles, des croissants du port de la lune et de signes symbolisant la coquille et l'eau. Au nombre de 160, ils tracent un parcours urbain sur le chemin de Saint-Jacques de Compostelle, à 1000 km de là, entre la porte Cailhau et la Croix de Saint-Genès, via la cathédrale Saint-André et les deux basiliques classées de Saint -Seurin et Saint-Michel. Au croisement des rues, 94 plaques émaillées bleues et blanches et 21 plaques de bronze au sol racontent la grande histoire des pèlerins de Saint-Jacques.

FRANCAIS

MAISON
DE SIMON MILLANGES

2// Centre historique

Place Pey-Berland.

La gare et Sainte-Croix

Avant d'être frôlé par les métamorphoses d'Euratlantique, autour de la gare Saint-Jean, le quartier Sainte-Croix est longtemps resté un faubourg populaire. Développé autour d'un ancien monastère bénédictin, il n'a été incorporé à Bordeaux qu'après la construction, au XIVe siècle, du troisième mur de **rempart**, dont un morceau est encore visible au long de la rue Peyronnet, entre l'**école des beaux-arts** et le **conservatoire de musique**.

Qualifiée en 1838 par Stendhal d'« église la plus curieuse de Bordeaux », l'**abbatiale Sainte-Croix** a été construite du Xe siècle à la fin du XIIIe siècle. Si elle a vu sa façade entièrement recomposée au XIXe siècle par l'architecte Paul Abadie, elle n'a rien perdu de la richesse du décor sculpté du portail dans un style roman saintongeais. De part et d'autre de l'entrée principale, les arcades symbolisent l'Avarice, à gauche, avec un homme ployant sous le poids d'une bourse, et la Luxure, à droite, avec une femme mordue aux seins par un serpent.

À l'intérieur, l'église voûtée d'ogives du XIIIe siècle conserve d'intéressants chapiteaux gothiques. L'orgue de 45 jeux de 1730 est considéré comme un chef-d'œuvre dans le monde entier. D'abord réhabilité en hospice de vieillards, l'ancien couvent bénédictin abrite aujourd'hui l'école des beaux-arts. Mitoyenne du parvis de l'église et bordant l'entrée du **Théâtre national de Bordeaux Aquitaine** (TNBA), une petite place ombragée de platanes offre un cadre des plus agréables aux escales en terrasse.

▶ Le Jardin zoologique, un nouveau restaurant.

◄ La magnifique façade romane de Sainte-Croix.

▲ Divers visages du quartier de la gare : la façade Art déco du Café du Levant, le chevet de l'église Sainte-Croix, la verrière de la gare et la place André-Meunier.

Pépites de la gare Saint-Jean

Le regard accroché aux aiguilles de la pendule de la gare Saint-Jean, les voyageurs pressés oublient parfois de poser les yeux sur les éléments – pourtant pas toujours miniatures – qui méritent qu'on s'y attarde. La gare est elle-même digne d'intérêt. Inaugurés à une époque où l'on trouvait extraordinaire de voir Bordeaux à huit heures de Paris (à la toute fin du XIXe siècle), les bâtiments de pierre blonde comportent quelques décorations dont deux belles paires d'**atlantes** représentés de face et de dos, sans doute pour symboliser les arrivées et les départs. Achevée au début du XXe siècle, côté quais, la grande **verrière métallique** abritant les voies fut un temps la plus grande du monde et reste encore aujourd'hui l'une des plus vastes d'Europe.

▲ Atlantes de la gare Saint-Jean.

À faire

Ne pas manquer d'admirer la merveilleuse façade du **Café du Levant** qui fait face à la gare. Toute couverte de mosaïques, elle oscille entre Art nouveau et Art déco avec ses décorations ornementales et ses atlantes en bronze à patine dorée.

Où manger ?

Au **Tn'BAR**, place Renaudel, le bar-restaurant du théâtre, ouvert à la création via l'accueil de jeunes chefs en résidence ; au **Banksia**, la gourmande cantine du superbe hôtel La Zoologie, cours de la Marne.

La place Saint-Michel

Vivant, populaire, cosmopolite… le quartier Saint-Michel reste, en dépit de sa gentrification galopante, l'un de ceux qui ont le plus de tempérament. Ouvert, dès son origine, aux matelots, portefaix et autres ouvriers venus de tous horizons et débarqués sur le port tout proche, il a construit son identité sur l'agrégation réussie des vagues d'immigration : hispanique, d'abord, puis maghrébine et, plus récemment, africaine et est-européenne. Autour de la place officiellement nommée Canteloup (mais que tout Bordeaux appelle Saint-Michel), se côtoient ainsi les restaurants portugais, les bars à *tapas* et les salons de thé orientaux. La place s'anime particulièrement les jours de **marché** : lundis pour les vêtements, samedis (vêtements et alimentaire) et surtout dimanches pour le grand rendez-vous des brocanteurs.

La **basilique Saint-Michel** est, bien sûr, le principal point d'intérêt. Construite du XIVe siècle au XVIIe siècle dans un style gothique flamboyant, la plus grande église paroissiale de Bordeaux est inscrite au patrimoine mondial, au titre des chemins de Saint-Jacques-de-Compostelle. Elle abrite de nombreuses œuvres d'art datées du XVe siècle au XVIIIe siècle : grande *pietà*, retable baroque, décors Renaissance ou autre désolation sur le corps du Christ de 1493… Mais le plus impressionnant est à l'extérieur. Comme posé à côté d'elle, le clocher isolé de la basilique culmine à quelque 114 m.

◀ Jours de marché à Saint-Michel.
▲▼ La place Saint-Michel.

Considérée par Vauban comme l'une des « plus belles pièces d'Europe », cette flèche vertigineuse est la plus haute de tout le Sud-Ouest, et le 3e plus haut clocher de France. Fragilisé par le temps, il est ceint depuis 2022 d'un spectaculaire échafaudage et fait l'objet d'une imposante campagne de restauration qui s'achèvera fin 2025. Exhumé du cimetière voisin, un bataillon de momies (près de 70) a longtemps fait la réputation de la crypte, marquant la mémoire des anonymes et des illustres qui l'ont visitée. On en retrouve le souvenir dans les écrits de Flaubert, Hugo, Céline et Gautier, ou plus prosaïquement, dans la vidéo désormais projetée à l'occasion de la visite.

À faire

Boire un **thé à la menthe** sur la place en toute saison en observant le changement des couleurs du superbe ginkgo biloba devant l'entrée de la basilique.

Où manger ?

À presque tous les râteliers cosmopolites de la place ! Au **Tching Tchang Tchong** (spécialités vietnamiennes), au **Rizana** (tajines et couscous), chez **Tripletta** (pizzas napolitaines), ou au **Petit Atelier des Faures** (gourmandises bistronomes), rue des Faures.

Les Brocs

Au 14 place Canteloup, sous l'enseigne Les Brocs, une ancienne mûrisserie de bananes du XIXe siècle accueille, soirées, concerts, spectacles et autres DJ sets

▲ Délicieuse rue Camille-Sauvageau.

Le quartier Saint-Michel

Une balade au fil des rues en suivant le cours du hasard est un exercice particulièrement recommandé. Parcourir la délicieuse **rue Camille-Sauvageau**, qui débouche au sud-est de la basilique, puis les ruelles proches des quais, dont les bâtisses et les noms racontent des morceaux d'histoire : la **rue des Faures** (des forgerons), la **rue de la Fusterie** (où les tonneliers fabriquaient les fûts), la **rue Carpenteyre** (des charpentiers). Au 2 **rue Pilet**, tout près du cours Victor-Hugo, voir la façade à pans de bois d'une des plus vieilles maisons de la ville. Portant deux étages légèrement en encorbellement, elle date du XVe siècle.

Entre la place dite Saint-Michel (Meynard ou Canteloup) et la rue du Mirail, on traverse une parcelle occupée, du XIIIe au XVIIIe siècle, par le plus grand couvent franciscain du midi de la France. Éparpillés après la Révolution, ses vestiges les plus visibles figurent dans le nom des rues (des Menuts, du Cloître, des Cordeliers, de l'Observance…).

L'hôtel Saint-François

Au n° 24 de la **rue du Mirail**, un bâtiment vaut le détour. À l'angle de la rue Saint-François, l'**hôtel Saint-François**, ancien hôtel de la Perle cumule les points d'attraction. Sur un plan purement architectural, l'immeuble du XIXe siècle se démarque par la modernité des techniques mises en œuvre (ce qui reste peu évident pour les néophytes), mais aussi et surtout par ses décorations remarquables. Encadré de deux petits sphinx, son balcon est, notamment, soutenu par une statue figurant un homme aux airs d'ouvrier, assis jambes écartées, portant chemise ouverte, manches retroussées et pantalon flottant… Remarquablement restauré, le bâtiment accueille depuis peu un **lieu hybride appelé BAG** (Bakery Art Gallery), tout à la fois boulangerie-pâtisserie bio sans gluten, librairie, maison d'édition, salon de thé, boutique et galerie d'art contemporain.

▼ Une des plus vielles maisons de Bordeaux (angle rue Pilet-cours Victor-Hugo), l'hôtel Puységur (lycée du Mirail), l'hôtel Saint-François.

▼ Rue de la Fusterie.

À faire

Pousser la porte des **ateliers-boutiques d'artistes**, en particulier celle de **l'Atelier 34**, au même numéro de la rue Camille-Sauvageau. La peintre Chantal Quillec y présente un ravissant fatras de peinture à l'huile sur papier, de sculptures en bois brûlé, d'affiches et de petits livres artisanaux et autres bijoux ou objets qui peuvent faire des souvenirs originaux et les plus charmants des cadeaux.

Où manger ?

Au **Monkey Mood**, délicieuses recettes vegan à l'angle des rues Planterose et Camille-Sauvageau, ou à la boulangerie-pâtisserie-salon de thé du **BAG** dont la terrasse en patio accueille 55 gourmands-curieux, qui peuvent observer le travail des artisans dans le « laboratoire de production » au sous-sol.

Les Capucins, quartier des halles

Entre Saint-Michel et Victoire, le quartier des Capucins rappelle qu'au XVIIe siècle les moines encapuchonnés sillonnaient les ruelles pour rejoindre leur couvent dans la proche rue du Hamel. Témoignage de l'urbanisme du temps des Lumières, la place des Capucins a été ouverte au XVIIIe siècle en remplacement d'une porte médiévale du même nom. Un premier marché hebdomadaire s'y est tenu en 1749. La vocation nourricière du quartier n'a, de ce moment-là, jamais cessé.

Le bétail qu'on vend d'abord une fois par semaine incite bientôt les maraîchers des alentours à y proposer leur production. Rachetés par la ville, des reliquats de halles de l'Exposition universelle de Paris en 1878 permettent de construire deux pavillons de chaque côté de la place, réunis en 1881 par une grande galerie métallique vitrée. L'ensemble d'inspiration Baltard abritera « le ventre de Bordeaux » jusqu'en 1959. Quoique moins élégant, le bâtiment qui lui a succédé continue d'abriter une soixantaine de commerçants et artisans de bouche, ainsi que des buvettes et restaurants. Plus grand des marchés de Bordeaux, « **Les Capus** », comme on le nomme familièrement, fait l'attrait du quartier du mardi au dimanche et spécialement le week-end.

Presque en face, au début de la rue du même nom qui descend vers la place André-Meunier, le **marché des Douves** sort d'une cure de jouvence. Superbe incarnation d'une architecture métallique des marchés en voie de disparition à Bordeaux, la doyenne des halles de la ville

▲ La halle des Douves.

◀ Jour de marché aux Capus, samedi ou dimanche matin.

avait été dessinée par l'architecte municipal Charles Durand entre 1884 et 1886. Remarquablement réhabilitée par les architectes Anne-Gaëlle et Julien Jouglet, elle accueille désormais les associations du quartier.

Où manger ?

Au comptoir de l'un des très nombreux **étals du marché** qui servent à manger ; au savoureux **Bistrot**, place des Capucins, à l'angle de la rue du Hamel ; dans la délicieuse petite enclave grecque modernisée **Samos**, place du Séminaire ; place Nansouty, au bistronome **Memes'tra**, et pour le goûter, chez Valantin, l'une des meilleures pâtisseries de la ville.

▶ La place Nansouty.

▼ Le jardin des Douves (désormais fermé au public) et la rue Kléber.

À voir aussi

Prolonger la balade au sud, de l'autre côté du cours de la Marne, jusqu'à la place Nansouty. Petite arête centrale de l'historique quartier espagnol, la **rue Kléber**, végétalisée et « piétonnisée » a fait l'objet d'une des opérations les plus réussies de revalorisation urbaine. À quelques centaines de mètres de son bout, en direction des boulevards, la **place Nansouty** récemment remaniée affiche un visage charmant de village dans la ville.

La place de la Victoire

Anciennement dite d'Aquitaine, la place de la Victoire célèbre, depuis le 3 décembre 1918, l'issue favorable de la Première Guerre mondiale. À la croisée de plusieurs rues et cours principaux de Bordeaux (Sainte-Catherine, piétonne et marchande, qui monte jusqu'au Grand Théâtre ; Pasteur qui descend place Pey-Berland en passant par le musée d'Aquitaine ; de la Marne qui conduit à la gare via le marché des Capucins ; ou encore de l'Argonne qui file avec le tram vers le domaine universitaire), elle est traditionnellement le cœur estudiantin de la ville. Vivant la nuit au rythme de soirées festives, elle reste perpétuellement fréquentée pour le déploiement agréable de ses terrasses. Selon leur orientation, celles-ci donnent vue sur l'un ou l'autre des monuments à admirer. À l'entrée (ou au débouché) de la plus longue rue piétonne et commerçante d'Europe (la susnommée **rue Sainte-Catherine**, 1 200 m environ), l'imposante **porte d'Aquitaine** trône depuis 1753. Dessinée, comme la plupart des portes classiques de Bordeaux par l'architecte André Portier, elle a été baptisée en l'honneur du nouveau-né duc d'Aquitaine. Véritable arc de triomphe, l'édifice est surmonté d'un fronton sculpté représentant dieux marins et armes royales d'un côté, fleurs et fruits de l'autre.

À l'est de la place, l'ancienne **faculté de médecine et de pharmacie** rivalise de monumentalité. Désormais consacré aux sciences humaines, le bâtiment achevé en 1888 a été conçu par Jean-Louis Pascal, architecte connu pour avoir notamment travaillé sur la Bibliothèque nationale de Paris. Les deux imposantes statues qui ornent son parvis figurent la Nature (Louis-Ernest Barrias) se dévoilant à la Science (Pierre-Jules Cavelier). Le benjamin des monuments de la place de la Victoire est, enfin, l'**obélisque** twisté du sculpteur tchèque Ivan Theimer. Taillée dans du marbre rouge du Languedoc, cette colonne hélicoïdale haute de 16 m est le pre-

▲ La place de la Victoire et la bibliothèque de l'université.
▼ Rue Sainte-Catherine.

mier monument bordelais rendant hommage à la vigne et au vin. Historiés dans le bronze, gravés en bas-reliefs, des motifs rappellent les mythes et l'histoire viticoles. Au pied de l'obélisque, deux tortues de bronze du même artiste prêtent docilement leur carapace à l'escalade des enfants. L'ensemble a été inauguré en 2005.

À faire

Une escapade au couvent !

À quelques centaines de mètres au nord-ouest de la place de la Victoire, au 54 rue Magendie, les restes d'un beau couvent du XVIe siècle méritent un petit détour. Créé en 1519 pour les religieuses de l'Annonciade, il abrite aujourd'hui la Direction régionale des affaires culturelles. Subsistent la chapelle gothique à nef, une belle mise au tombeau d'influence Renaissance italienne et un cloître aux nombreux chapiteaux ornés. Il se visite une fois par semaine en été et sur réservation pour les groupes (✆ 05 56 00 66 10).

Où manger ?

Au **Plana**, l'historique brasserie de la place de la Victoire, prolongée d'une belle terrasse, ou chez **Kairos**, rue de Candale, pourvoyeur des meilleurs döners gastronomiques de Bordeaux.

La Grosse Cloche et Saint-Paul

Désignant moins la cloche elle-même que le beffroi qui l'abrite, la **Grosse Cloche** est un monument si emblématique de Bordeaux qu'elle figure sur le blason de la ville. Édifiée au XIIIe siècle, elle a été remaniée principalement au XVe siècle et constitue aujourd'hui l'un des plus beaux vestiges médiévaux civils. Sous le nom d'origine de porte Saint-Éloi, elle marquait, entre l'église et l'hôtel de ville qui lui étaient accolés, l'ouverture sud dans les remparts et la principale entrée de la ville. Elle était composée alors, non pas de deux mais de six tours, les deux dernières avançant jusqu'au milieu du cours Victor-Hugo, lequel n'était qu'un fossé longeant les remparts. Emblème de la Guyenne, le léopard d'or qui girouette au sommet du beffroi rappelle l'influence anglaise. Signée de l'astronome Paul Larroque, l'horloge a été ajoutée en 1759. Quant à la cloche elle-même, qui baptise le monument, plusieurs fois remplacée, elle est de la famille des bourdons. L'actuelle s'appelle « Armande-Louise » depuis 1775. Tandis qu'au Moyen Âge elle sonnait indifféremment l'alarme, les incendies ou le début des vendanges, elle résonne désormais six fois par an à 11 h pour célébrer le nouvel an, le 1er mai, la Victoire du 8 mai 1945, la fête nationale le 14 juillet, la libération de Bordeaux le 28 août 1944 et l'armistice du 11 novembre 1918.

Dans le prolongement de l'arche, la charmante **rue Saint-James** (à prononcer à la française) tient son appellation des pèlerins de Saint-Jacques (Jacmes ou James en gascon) qui franchissaient la porte quand ils partaient pour Compostelle. Du n° 28, siège de la Maison Millanges, sortit en 1580 la première édition des *Essais* de Montaigne.

◀ La rue Saint-James et la Grosse Cloche.
▶ La place Fernand-Lafargue.

La rue piétonne mène à l'une des places les mieux métamorphosées du Bordeaux du XXIe siècle : la **place Fernand-Lafargue**, ancienne place du marché au Moyen Âge, toute vouée désormais aux terrasses et aux boutiques branchées.
Une promenade s'impose, partant de là, sur le tracé sinueux des plus anciennes rues de la ville. Sans manquer, **rue des Ayres**, la plus vieille devanture de magasin en bois de Bordeaux (angle rue Sainte-Catherine), rue Saint-James (au n° 16), un exemple unique de porte Renaissance, ni, au 5 de l'**impasse Rue-Neuve**, la doyenne des maisons bordelaises (XIIIe ou XIVe siècle).

À faire

Approfondir la découverte de la Grosse Cloche par une **visite guidée**. On y apprend notamment le passé de prison du beffroi moyenâgeux.
✆ 05 56 00 66 00

Où manger ?

À la belle cantine engagée du marché fermiers **Les récoltants**, rue Sainte-Colombe ; au bord de la **Méditerranée** sur la placette ombragée de la même rue ou dans le ravissant jardin urbain de **Frida**, rue Buhan.

◀ La maison de Jeanne de Lartigue, la femme de Montesquieu, au fond de l'impasse de la rue Neuve.

▼ La rue de la Rousselle.

Commerce et littérature

Considérée comme l'une des plus belles rues du vieux Bordeaux, la **rue de La Rousselle** (qui se prolonge en Sainte-Colombe) s'est longtemps trouvée au cœur d'un bouillonnant quartier marchand. Mentionnée dès le XIIe siècle, elle voyait débarquer froment, seigle, fèves et bien sûr vin et produits les plus variés de la pêche venus de mers proches ou lointaines : harengs des Flandres, sardines de Bretagne et d'Angleterre, morues espagnoles, ou encore baleines de Terre-Neuve. On peut découvrir la maison familiale de **Montaigne** (n° 23-25 rue de la Rousselle) et la demeure de son ami **Étienne de La Boétie**, à quelques centaines de mètres, rue Pierre-de-Coubertin.

La place du Parlement

Commandée en 1754 par l'intendant Tourny, cette place à l'italienne de grand charme, presque carrée, a d'abord été baptisée place du Marché Royal et a longtemps accueilli le marché de la ville. Renommée Place du Marché de la Liberté à la Révolution avant de se référer finalement au Parlement de Bordeaux (qui d'ailleurs ne siégea jamais là…), elle apparaît inchangée. Bordée d'immeubles de style Louis XV construits entre le XVIIIe siècle et le XXe siècle, elle est louée pour son harmonie et considérée comme un modèle de la continuité architecturale bordelaise. Quoique très minérale, elle invite les promeneurs à faire la pause en été sur ses vastes terrasses. Œuvre de l'architecte Louis-Michel Garros et du sculpteur Edmond Prévot, la fontaine de style néo-baroque dont les mascarons délivrent l'eau depuis 1865 alimentait les Bordelais en eau potable en attendant la généralisation de l'eau courante à la fin du XIXe siècle.

En remontant la **rue du Pas-Saint-Georges** et sa ribambelle de boutiques, on débouche sur la charmante **place Camille-Jullian** aux nombreuses terrasses encore, dont certaines à l'ombre de magnolias. Le monument en son centre rend hommage au grand historien bordelais. Face à lui, l'église Saint-Siméon bâtie au XVe siècle, n'a cessé de se réincarner. Transformée en entrepôt après la Révolution, elle a abrité successivement une salpêtrière, l'école navale des mousses et novices (un mât, des vergues mobiles et un pont à roulis occupaient la nef!), une usine de conserves, un commerce de cycles et un garage automobile, avant de se dédier au 7e art à l'orée des années 2000 sous l'enseigne de l'Utopia.

▲ La place du Parlement.

▲ La place Camille-Jullian. ▼ Le square Vinet.

Un coin vert au milieu des pierres

Découpé entre les rues Maucoudinat et du Cancera, le petit square Vinet est bordé d'un **mur végétal** qui a longtemps détenu le record de plus grand jardin vertical du monde après sa création en 2004 par le grand spécialiste du genre : Patrick Blanc.

À faire

Aller faire le plein de mots sous les voûtes XVIIe siècle de **La Machine à Lire**, incontournable librairie indépendante de la place du Parlement ; aller au cinéma et boire un café à **l'Utopia**, dans la nef de l'ancienne église Saint-Siméon ; goûter les exquises madeleines ou les tartes fines aux pommes de **La Fabrique, Pains & Bricoles**, rue du Pas-Saint-Georges.

Où manger ?

Sur le pouce, un bon en-cas boulanger chez **Pains & Bricoles**, ou un kebab chez **Anatole**, rue du Pas-Saint-Georges ; plus raffiné en petites portions à partager accompagnées de vins bio chez **Soif**, rue du Cancéra.

La place Pey-Berland

La cathédrale et la mairie à quelques pas l'une de l'autre… Entre Saint-André et le palais Rohan, la place n'a pas voulu choisir son nom. Elle s'est baptisée Pey-Berland en hommage à l'archevêque de Bordeaux, fondateur d'une université en 1441, réputé pour ses mœurs pures, son goût des choses spirituelles, et passé près de la canonisation. À ce grand homme presque saint, la ville doit aussi la tour du même nom. Étêtée par une tempête en 1617, la **tour Pey Berland** a survécu à son lot de vicissitudes. Passagèrement reconverti en fabrique de plombs de chasse pendant la Révolution, le clocher indépendant de 50 m de haut est surmonté depuis 1863 d'une étincelante Notre-Dame d'Aquitaine en cuivre doré.

Massive figure tutélaire gothique, la **cathédrale Saint-André** voisine déploie, tout près, sa nef unique (124 m de long, 23 m de haut) de sept travées et son chœur à autant de vaisseaux. On pense que l'édifice primitif remonte au IVe siècle, mais l'église cathédrale est mentionnée pour la première fois en 814. Consacrée en 1096 par le pape Urbain II, elle a connu de grands événements, parmi lesquels le mariage d'Aliénor d'Aquitaine et de Louis VII en 1137 ou l'union d'Anne d'Autriche et Louis XIII en 1615.

Emboîter le pas de la récente statue de Jacques Chaban-Delmas (maire de Bordeaux de 1947 à 1995), côté nord de la place, mène tout droit à l'**hôtel de ville**. C'est à un prince de l'Église, l'archevêque Mériadec de Rohan, qu'était originellement destiné le majestueux **palais Rohan**. Construit de 1772 à 1778 sur les plans de l'architecte parisien Joseph Étienne, il n'a jamais été occupé par son commanditaire initial. Successivement demeure épiscopale, hôtel du département puis du préfet, palais impérial et château royal, il prête ses murs à l'hôtel de ville depuis 1837. De part et d'autre du portail d'entrée, des niches accueillent des sculptures du XIXe siècle du Bordelais Edmond-Sébastien Prévot. Elles représentent le

Souvenir des premiers remparts

C'est parce qu'elle a été fondée à l'angle sud-ouest des remparts de la ville gallo-romaine que la cathédrale Saint-André est dépourvue du grand portail occidental caractéristique des cathédrales gothiques. À la fin du IIIe siècle, en effet, Burdigala s'était dotée de hauts remparts qui allaient, jusqu'au IXe siècle, lui permettre de résister aux Vandales, aux Wisigoths, aux Francs, aux Sarrasins et aux Vikings. Cette première enceinte formait un rectangle au long des actuels rue des Remparts, cours d'Alsace-Lorraine, du Chapeau-Rouge et de l'Intendance.

▶ La rue des Remparts.

◀ Le Palais Rohan est l'hôtel de ville de Bordeaux.
▶ La Vierge dorée.
▼ La cathédrale Pey-Berland.

Génie du commerce et de l'industrie et Le Génie des sciences et des arts. Derrière la façade Louis XVI, le bâtiment ouvert à la visite deux jours par semaine, dévoile salles de conseils et de réunions, salons et cabinets de travail typiques de l'architecture officielle de la IIIe République, ainsi qu'un escalier monumental à trois volées considéré comme un chef-d'œuvre en France.

À faire

Gravir les 229 marches de la **tour Pey Berland**, admirer la superbe vue sur la ville et faire ses hommages au quatrième plus gros bourdon de France ! Profiter du **marché** miniature le dimanche matin et déguster sur place des huîtres, des pâtes fraîches ou des empanadas argentines.

Autour du musée d'Aquitaine

Installé dans les murs de l'ancienne faculté des sciences et des lettres construite à la fin du XIXe siècle sur l'emplacement du couvent des Feuillants où Montaigne fut enterré en 1592, le **musée d'Aquitaine** présente 500 000 ans d'histoire de Bordeaux et de sa région. À la fois musée de patrimoine et musée de civilisation, c'est un lieu d'ouverture au monde. Les différentes salles de l'exposition permanente retracent les grandes périodes historiques : Préhistoire, Protohistoire, Antiquité, Moyen Âge et époque moderne dont, depuis 2009, de passionnants espaces sont consacrés au commerce atlantique et à l'esclavage. Au fil de la visite, se découvrent, parmi les chefs-d'œuvre, une Vénus enceinte de –25 000 ans, un trésor gaulois, un superbe Hercule de cuivre du début du IIIe siècle, la maquette contemporaine d'un trois-mâts du XVIIIe siècle (*Le Conquérant*), ou le fameux tombeau de Montaigne…

À l'ouest de la place Pey-Berland, la rue des Frères-Bonie conduit au **fort du Hâ**. Deux tours rappellent la forteresse érigée sur ordre de Charles VII en 1456, au sortir de la guerre de Cent Ans. Prison de sinistre mémoire de la fin du XVIIIe siècle à 1967, elle accueille désormais l'**École nationale de la magistrature** (ENM). Tout à côté, le très contemporain **tribunal judiciaire** est l'œuvre de Richard Rogers, à qui l'on doit notamment le Lloyd's building à Londres et (avec Renzo Piano) le Centre Pompidou à Paris.

Côté nord, un renfoncement ombragé de la place Jean-Moulin abrite le **Centre national de la Résistance et de la Seconde Guerre mondiale**.

Il ne faut pas quitter les parages sans faire une incursion **rue du Loup**, à l'est. Au n° 71, **l'hôtel Ragueneau** est une ravissante demeure du XVIIe siècle. Longtemps siège des Archives municipales, il présente notamment un superbe porche à voûte ondée sur lequel court l'une des plus anciennes glycines de la région.

Découvrir le Bordeaux négrier

Puisque la ville progresse un peu sur l'évocation d'un passé que certains voudraient oublier… La visite de la salle du musée d'Aquitaine consacrée à ce thème est, à ce titre, indispensable. Bordeaux, y explique-t-on clairement, doit sa richesse au commerce de denrées coloniales produites par des esclaves. Dans le commerce triangulaire, les navires partaient en Afrique chargés de produits de l'arrière-pays et les échangeaient contre des esclaves qu'ils livraient ensuite dans les colonies pour revenir remplis d'exotiques denrées.
En plein cœur de la ville, aux Chartrons et dans les vieux quartiers l'écrivain et poète bordelais Karfa Diallo a conçu pour l'association Mémoires & Partages (✆ 06 58 93 36 38) trois passionnants circuits guidés sur les traces du « Bordeaux Nègre ». De la prison du Hâ où la « police des Noirs » jetait les domestiques errants à la fin du XVIIIe siècle aux fresques du Grand Théâtre représentant explicitement une esclave parmi les richesses de la ville, et du quartier de Sainte-Croix qui comptait jusqu'à 26 sucreries, aux mascarons créoles de la place de la Bourse, l'histoire captivante d'une domination mais aussi d'une lutte pour la liberté et du précieux métissage qui en a résulté.

◀ Façade du musée d'Aquitaine.
▲ Les anciennes Archives municipales et leur glycine, rue du Loup ; le fort du Hâ et le tribunal de grande instance.

◀ Le musée d'Aquitaine.

Où manger ?

À l'une des très nombreuses tables gourmandes de la charmante rue du Hâ : **Orta**, **Lauza**, Ishikawa, **La Fine Bouche**, **Nofa**, **Baston**, **Chez Bibi**, **Le Charabia** ; au très inventif **Chicoula**, dans la rue de Cursol voisine ou chez le gourmet **Son**, rue Paul-Louis-Lande.

Le Grand Théâtre et le Triangle

À la croisée des premières voies tracées par les Romains, la place de la Comédie, le **Grand Théâtre** et les rues adjacentes forment le cœur élégant de Bordeaux. D'inspiration néoclassique, avec ses douze colonnes corinthiennes, l'opéra est le chef-d'œuvre de Victor Louis. Il a été inauguré en 1780 à la place d'un antique monument gallo-romain du IIIe siècle dont une rue voisine porte encore le nom (les Piliers de Tutelle). Au-dessus des colonnes, les douze statues de Berruer et Van Den Drix représentent les neuf muses et trois déesses : Euterpe (musique), Uranie (astronomie), Vénus (déesse de l'amour), Calliope (poésie épique et éloquence), Terpsichore (danse), Melpomène (tragédie), Thalie (comédie), Polymnie (rhétorique), Junon (déesse de la fécondité), Minerve (déesse de la guerre), Erato (poésie lyrique) et Clio (histoire). Pièce maîtresse du vestibule, le grand escalier a été conçu pour mettre en scène une aristocratie qui se devait d'être vue. On dit qu'il fut copié par Garnier pour l'Opéra de Paris. Considérée comme l'une des plus belles au monde, enfin, la salle de spectacle du XVIIIe siècle peut accueillir 1114 spectateurs. Son plafond peint, signé d'abord Jean-Baptiste Robin puis Maurice Roganeau, supporte un lustre de cristal de Bohème d'un poids de 1,2 t.

De la place de la Comédie partent les **allées de Tourny** et le **cours de l'Intendance**, deux des trois voies qui dessinent ce que l'on appelle le Triangle d'Or. Ce périmètre concentre ce que Bordeaux compte de boutiques les plus chics et d'enseignes les plus

Le beau visage de Jaume Plensa

Œuvre de **Jaume Plensa**, le beau visage apaisé en fonte de 7 m de hauteur qui fait l'admiration des passants sur la place de la Comédie a failli repartir comme il était venu ! Lancée aussitôt après l'exposition temporaire de l'artiste catalan dans les rues de la ville, une souscription populaire avait échoué à réunir le budget nécessaire à l'adoption définitive de « Sanna » par les Bordelais. C'est finalement un généreux mécène anonyme qui leur a fait ce cadeau…

Où manger ?

Si on peut s'en offrir le plaisir, à l'une des des deux tables étoilées bordelaises qui se font presque face : à la **Table d'Hôtes** du **Quatrième Mur** de Philippe Etchebest, dans le superbe décor néoclassique du Grand Théâtre, ou au **Pressoir d'Argent** de Gordon Ramsay, entre les murs du Grand Hôtel Intercontinental. Sinon, sur le pouce, chez **Fufu**, parfaite cantine japonaise, rue Saint-Rémi.

prestigieuses. Hors un shopping de haut niveau, parcourir ce polygone permet de découvrir, entre autres, le ravissant passage Sarget (1878) et la maison où mourut Goya (n° 19 et 57, cours de l'Intendance), et les **allées de Tourny**, charmante promenade aménagée en 1747 par l'intendant Louis de Tourny dont la statue domine la place du même nom.

◀ Le Grand Théâtre.
▲ Depuis la terrasse du Grand Hôtel…

▶ La rue Sainte-Catherine.

Le quartier des Grands Hommes

L'intérieur du triangle délimité par les allées de Tourny, les cours Clemenceau et de l'Intendance forme le quartier des Grands Hommes, en référence aux **philosophes français** des XVIe et XVIIIe siècles dont les rues alentour portent le nom. Montaigne, Montesquieu, Rousseau, Voltaire, Buffon et Diderot observent le fleurissement des luxueux commerces de bouche ou des prestigieuses boutiques de prêt-à-porter qui les cernent. Le **marché des Grands Hommes** abrite depuis 1991 une galerie marchande. Un passage donne accès à l'élégante **cour Mably**. Seul vestige d'un couvent des Jacobins XVIIe siècle, l'ancien cloître a abrité la bibliothèque de la ville, des clubs révolutionnaires, le musée des Antiquités et la Manutention militaire. Il est désormais le siège de la cour des comptes et accueille expositions et concerts.

Mitoyenne de la cour Mably, côté place du Chapelet, l'**église Notre-Dame** est un des plus beaux témoignages bordelais du baroque. Dessinée par l'architecte Pierre Duplessy-Michel, elle présente des similitudes avec l'église du Gesù à Rome. Sa nef unique voûtée en berceau souligne l'élégance de la balustrade et des grilles du chœur. Non sans une pointe d'ironie, Mauriac la décrivait comme « un sanctuaire harmonieux, modéré, tiède en hiver, où ceux qui surent se composer une vie temporelle exempte d'inconfort, viennent aussi s'assurer une éternité bienheureuse ».

Entre l'église et la cour Mably, domine une statue de bronze représentant le peintre **Francisco de Goya**, mort à Bordeaux en 1828. Offerte par la ville de Madrid dans le cadre du jumelage des deux villes, elle est la réplique d'une statue réalisée par Mariano Benlliure en 1902 et qui marque, au célèbre Prado, la porte dite de Goya nord.

Au nord de la place du Chapelet, une belle grille ouvragée ouvre un **passage** couvert qui ressort cours de l'Intendance. Financé en 1878 par un baron nommé **Sarget**, il fut

◄ Le cours de l'Intendance et le Théâtre Français.
▲ L'église Notre-Dame et le passage Sarget.

revendu à la ville en 1919 au motif que les Bordelais préféraient l'emprunter plutôt qu'une rue Martignac, voisine, alors jugée dangereuse. Il est cocasse de mesurer combien le quartier a changé!

Où manger ?

Dans un des bistrots-brasseries chics qui entourent le marché des Grands Hommes ou, pour un plaisir plus sophistiqué encore, au **Chapon Fin**, rue Montesquieu, le doyen des restaurants gastronomiques de la ville au décor caractéristique signé Cyprien-Alfred Duprat.

Souvenirs d'enceintes

Historiquement, le tracé du cours de l'Intendance correspond à celui des fossés nord de la première enceinte fortifiée de la ville. La tranchée a perduré jusqu'au XIe siècle, époque à laquelle les fossés comblés ont cédé la place à une rue appelée des « fossés de Campaure », puis des « fossés de l'Intendance », et même des « fossés Marat » sous la Révolution.

▲ La cour Mably.
◄ Le marché des Grands-Hommes

La place Gambetta

Au bout de la rue Porte-Dijeaux, ancien decumanus (voie est-ouest de l'époque romaine) désormais dédiée au shopping dans la lignée de Sainte-Catherine, s'épanouit la place Gambetta. Inaugurée à la fin du XVIIIe siècle sous le nom de place Dauphine, elle est venue transfigurer un espace jusque-là occupé par les détritus et l'ancien cimetière de l'hôpital général. Programmé par l'intendant Tourny, l'aménagement urbain confié à l'architecte André Portier est encore cité aujourd'hui comme l'un des ensembles les plus harmonieux de la ville. La quasi-totalité des immeubles, dont les rez-de-chaussée se réservent le plus souvent aux commerces et dont les façades portent arcatures régulières et mascarons, est classée aux monuments historiques. Rebaptisée « place Nationale » à la Révolution, elle accueille la guillotine pendant la Terreur avant de revenir à des occupations plus paisibles au XIXe siècle, sous le nom de place Gambetta. Longtemps considérée comme le pôle chic bordelais, cette petite oasis de verdure entre les pierres blondes a peu à peu perdu son aura avant de faire l'objet d'une des plus importantes opérations de réaménagement urbain du centre-ville de Bordeaux ces dernières années. Pensé pour instaurer un dialogue entre les façades XVIIIe et le paysage pittoresque d'un

◀ La place Gambetta.
▲ La porte Dijeaux.
▶ La célèbre librairie Mollat.

Le centre de Bordeaux

C'est place Gambetta qu'il faut vous rendre si on vous donne rendez-vous au centre-ville de Bordeaux. Et c'est même au n° 10 si vous êtes particulièrement pointilleux ! C'est là, en effet, que se trouve la borne du kilomètre zéro à partir de laquelle sont calculées toutes les distances à Bordeaux.

jardin à l'anglaise, le projet portant jardin et fontaine a mis les piétons à l'écart de la circulation. La place est redevenue le point de connexion central du Triangle d'Or, entre Pey-Berland, Mériadeck et Jardin Public, en même temps qu'un but de balade agréablement reverdi.

Au débouché (ou au commencement) de la rue du même nom, au sud-est de la place, la monumentale **porte Dijeaux** date de 1750. Élevée par Tourny au presque même emplacement que les portes des remparts médiéval et antique, elle rappelle l'époque où le périmètre de Gambetta était hors les murs de la ville.

Ne pas manquer plein sud, juste à l'extérieur de la porte, la charmante **rue Bouffard**, qui redescend vers l'Hôtel de Ville, et ses boutiques choisies d'instruments de musique, de décoration ou d'antiquités. Elle est également le siège du Musée des Arts Décoratifs et du Design (MADD), dans le décor remarquable d'un hôtel particulier de la fin du XVIIIe siècle.

Où manger ?

Dans la petite rue piétonne Castelnau d'Auros, sous les heureuses influences culinaires du monde en goûtant des vins à l'aveugle, chez **Blind** ; ou dans la tortueuse rue de la Vieille-Tour, autour de l'heure du goûter, où **les dunes blanches de chez Pascal** (petits choux fourrés de crème légère) sont un des monuments de la ville.

D'un musée à l'autre

L'un s'abrite depuis 1955 dans un hôtel particulier XVIIIe siècle, l'autre s'est fait construire au XIXe siècle un bâtiment tout exprès. L'un semble cultiver son secret dans les arrières de Gambetta, l'autre s'ouvre dans le dos de l'hôtel de ville. À quelques centaines de mètres l'un de l'autre, le **musée des Arts décoratifs et du Design (Madd)**, et celui des **Beaux-Arts (Musba)** comptent parmi les plus importants de Bordeaux.

Fondé en 1801, le **musée des Beaux-Arts** a été le premier de la ville. Les œuvres sauvées de la Révolution ont été exposées à partir de 1810 à l'ancien siège de l'académie royale des Sciences, Belles-Lettres et Arts sur les allées de Tourny. Mais, la collection s'accroissant, le lieu s'est avéré exigu. Les sculptures et tableaux ont été transférés en 1820 au palais Rohan, où ils ont cohabité quelques décennies avec la municipalité. Ce n'est qu'après avoir échappé à deux incendies qu'ils ont obtenu leur écrin spécial, sans s'éloigner de la mairie. Le nouveau bâtiment a été inauguré au 20 cours d'Albret dans les **jardins de l'hôtel de ville** en 1881.

Entièrement rénové au début des années 2010, il consacre son aile sud aux collections anciennes du 16e au XVIIIe siècle, et son aile nord aux 19e et XXe siècles. Parmi les quelque 3000 œuvres alternativement accrochées s'admirent les principales signatures bordelaises (André Lhote, Albert Marquet et Odilon Redon) mais aussi Brueghel de Velours, Chardin, Corot, Delacroix, Van Dyck, Kokoschka, Matisse,

◀ Le musée des Beaux-Arts.
▲ Galerie des Beaux-Arts.

Picasso, Renoir, Rubens ou Véronèse... De belles expositions temporaires se tiennent de l'autre côté du cours d'Albret, place du Colonel-Raynal, dans un bâtiment inauguré en 1939, baptisé **galerie des Beaux-Arts**.

À moins de cinq minutes à pied de là, au 39 rue Bouffard, le **MADD** fait dialoguer Arts décoratifs et design dans un des plus beaux hôtels particuliers XVIIIe siècle de la ville. Construit en 1779 par l'architecte bordelais Étienne Laclotte pour la famille d'un parlementaire, l'**hôtel de Lalande** partage sa collection entre les meubles et objets illustrant l'art de vivre d'une classe privilégiée à l'aube de la Révolution française et pièces de design du XXe siècle. Engagé depuis 2023 dans un vaste remaniement, il rouvrira en 2025 avec un nouveau parcours de visite mettant en exergue, par les points forts de sa collection, les questions associant mémoire et patrimoine, les représentations et les artistes féminines.

À faire

Aller prendre le vert dans le **jardin de l'Hôtel de Ville** dit « de la mairie ». Créé au XIXe siècle, il déploie un hectare de verdure en ville avec les attributs romantiques des jardins de style classique : deux allées enserrant un bassin arrondi, un jet d'eau, une statue de nymphe de Diane, jeune fille portant une biche, un gingko biloba, et pas moins de 10 000 plantes y fleurissant à la saison. Formant partie du travail de mémoire de la ville sur son rapport à l'esclavage, une sculpture de l'artiste réunionnaise Sandrine Plante-Rougeol y symbolise également le commerce triangulaire depuis 2019.

Où manger ?

Sur le pouce à la **boulangerie de l'Hôtel de Ville**, rue des Trois-Conils ; chez **De Part et d'Autre**, rue Bouffard ; chez **Horace**, rue Poquelin-Molière.

Saint-Seurin et Palais Gallien

C'est entre la place Gambetta et les abords du Jardin public que l'histoire a choisi de poser les deux plus anciens témoignages de la construction bordelaise. **Place des Martyrs-de-la-Résistance**, ainsi qu'on a rebaptisé les romantiques allées d'Amour en 1946, la façade XIXe siècle de la **basilique Saint-Seurin** ne laisse pas forcément imaginer le rayonnement passé des lieux. Toujours étape des pèlerins sur les chemins de Saint-Jacques, inscrite au patrimoine mondial de l'Unesco au même titre que la basilique Saint-Michel et la cathédrale Saint-André, elle est pourtant considérée comme le berceau du christianisme aquitain. Maintes fois remanié, l'édifice originel, simple chapelle ou oratoire, est attesté dès le milieu du Ve siècle. Il a été détruit lors d'invasions normandes au IXe siècle et reconstruit au début du XIe siècle. De cette époque subsistent encore le porche et la crypte. Le chevet, le transept, une partie de la nef et des bas-côtés, le clocher occidental et la tour carrée du clocher sud datent du XIIe siècle. Le portail du XIIIe siècle, au sud, est précédé d'un vaste porche Renaissance abritant les arcatures aux tympans ornés de personnages et de sujets divers. Le maître-autel et la chapelle Notre-Dame-des-Roses sont décorés de reliefs des XIVe et XVe siècles.

L'église conserve par ailleurs un mobilier médiéval exceptionnellement riche : plusieurs retables en albâtre du XVe siècle ainsi que plusieurs statues remarquables parmi lesquelles, Notre-Dame de Bonne Nouvelle, du XIIIe siècle, Notre-Dame de la Rose, du XIVe siècle, et un saint Martial, apôtre de la Guyenne, dont le bâton était porté en procession lors des grandes sécheresses. Abritant notamment le cénotaphe de saint Fort, la crypte a longtemps fait l'objet d'un culte populaire quand, chaque 15 mai, les mères amenaient leurs enfants sur le tombeau du martyr pour les rendre plus forts.

Le doyen des vestiges de l'antique Burdigala n'est qu'à quelques minutes de marche de la place des Martyrs-de-la-Résistance via

◀ L'église Saint-Seurin.
▲ Le palais Gallien.

les rues Rodrigues-Pereire et du Dr-Albert-Barraud. Passant presque inaperçues pour qui ne les guetterait pas, les **ruines du palais Gallien** ont été cernées par la ville. Malmené par les siècles, abandonné, réputé servir de refuge aux truands et même aux sorcières, avant d'être transformé en carrière et de devoir céder ses pierres à la construction des immeubles voisins, cet amphithéâtre romain de forme elliptique pouvait accueillir 22 000 spectateurs amateurs de jeux ou de combats de gladiateurs. Il rivalisait, au IIe siècle, avec les arènes d'Arles ou de Nîmes. Restent de cette superbe une porte monumentale et quelques arcatures, certains des murs étant désormais inclus dans les jardins, maisons ou caves alentour…

À faire

Visiter le **site archéologique** de Saint-Seurin. Connu comme le plus vieux vestige de l'histoire de Bordeaux après le palais Gallien, il dévoile de nombreux sarcophages, structures de pierre, mausolées, fresques, amphores et autres sépultures sous tuiles datés du IVe siècle au XVIIIe siècle. ✆ 05 56 00 66 10

Où manger ?

Au **Poulailler d'Augustin**, délicieux rôtisseur-traiteur, sur la place des Martyrs, qui ouvre ses tables d'hôtes à midi ou dans l'une des très nombreuses adresses gourmettes ou gourmandes de la rue du Palais-Gallien (**Ozé, Son OftheSon, Le Régallien, Tentazioni, Cromagnon**…).

Au berceau du christianisme aquitain

Saint Seurin, dont la dépouille repose en l'église depuis le IVe siècle, était si vénéré que le cimetière entourant la basilique est devenu, à l'heure des grands pèlerinages de Compostelle, la nécropole la plus célèbre de la chrétienté avec les Alyscamps d'Arles. On dit qu'y sont enterrés les preux de Charlemagne et que l'olifant utilisé par Roland à Roncevaux a été déposé sur le tombeau du saint.

◀ La crypte de Saint-Seurin.

Le Jardin public et le Muséum

À quelques centaines de mètres à l'ouest du Palais Gallien, en pleine ville encore, le **Jardin public** s'étire sur près de 11 ha. Labellisé « Jardin remarquable de France », il figure officiellement parmi les 102 plus beaux du pays. Commandé par Tourny à l'architecte et paysagiste Ange-Jacques Gabriel (l'auteur de la place de la Bourse), il répondait au désir de l'intendant d'apporter la campagne en ville. Inauguré en 1756 sous le nom de Jardin royal, il est d'abord jardin à la française, attirant la bonne société bordelaise, armateurs et négociants. Il devient public à la Révolution, est transformé en champ de Mars, mais se dégrade avant de renaître en 1856 sous la forme de jardin anglais qu'on lui connaît aujourd'hui. Il est doté d'un grand bassin comme une rivière serpentine d'un hectare de superficie qu'enjambent trois ponts de fer forgé, d'un jardin botanique (ancêtre du jardin moderne dessiné rive droite), de nombreuses statues (dont la Rosa Bonheur de Gaston Leroux et le Mauriac torturé de Zadkine), de terrasses aux beaux balustres et d'un élégant bâtiment central auquel s'appuyaient des serres tropicales détruites en 1931. Des générations de jeunes Bordelais continuent d'y applaudir un Guignol Guérin animé par la même famille depuis 1853.

Au bout des terrasses, côté ouest, l'hôtel de Lisleferme, construit en 1781 par l'architecte Bonfin, accueille depuis 1862 l'un des plus importants muséums d'histoire naturelle de France. Rouvert en 2019 après 11 ans de travaux, le **Muséum de Bordeaux** a été réaménagé comme un un lieu d'émerveillement, autant que comme un espace d'information, de débats et d'échanges sur la place de l'humain dans la nature. Répartis entre exposition permanente, temporaires ou semi-temporaires, 3500 spécimens environ de mammifères, d'oiseaux, de reptiles, amphibiens, poissons, fossiles, minéraux, papillons, insectes, coquillages et autres invertébrés (sur le million que comptent les collections du musée) invitent à s'interroger sur la biodiversité.

À faire

Aller rendre visite aux deux spécimens distingués comme « **Arbres remarquables de France** » : le plus grand arbre du jardin, un pacanier de 38 m de haut, et un cyprès chauve du Mexique de 5,20 m de circonférence, de la famille de l'« Arbol del Tule », champion du monde des gros arbres au Mexique avec 42 m de tour de taille.

Où manger ?

Chez Les Cancres, délicieuses pizze tout près du lycée Montesquieu, rue David-Johnston, derrière le Jardin public, ou plus raffiné, rue Fondaudège, chez **Mets Mots**, le repaire de l'excellente cuisine contemporaine de Léo Forget ou chez **Ressources**, celui de Tanguy Laviale et Daniel Gallacher..

▲ Le Jardin public.
◀ Le Muséum.

Les Chartrons

Au nord-est du Jardin public, les Chartrons assurent la transition entre centre-ville et Bassins à flot. Plutôt résidentiel à l'ouest du cours Portal, le quartier historique des négociants en vin a bénéficié côté fleuve d'un regain d'intérêt à l'aube des années 2000 qui en a fait l'un quartiers animés de la ville. Mêlant chais, entrepôts, anciennes devantures en bois et harmonieuses maisons, l'architecture typique distille un charme singulier qui survit à la gentrification. Peuplée d'un savant mélange d'antiquaires, de vieux bistrots, de galeries, de magasins de patine, de bonnes tables et de boutiques design ou branchées, la **rue Notre-Dame** est la parfaite vitrine du quartier. Y voisinent l'église Saint-Louis, édifice néogothique du XIXe siècle dont les deux flèches s'aperçoivent depuis l'autre rive de la Garonne ; un **temple** protestant à portique et à colonnades datant de 1835, pour l'heure dispensé de sa vocation cultuelle ; et les curieux vestiges aux accents mauresques d'anciens « Grands Bains » inaugurés en 1895 (au n° 29). Juste derrière, la **place du Marché-des-Chartrons** prête trottoirs et esplanade à l'étirement des terrasses de cafés ou de restaurants. Il offre aux belles soirées un décor de carte postale. Au milieu de la place, trône une halle octogonale bâtie en 1869 par l'architecte municipal Charles Burguet. Beau témoignage de l'architecture

▲ Fresque dans le quartier des Chartrons.

◀ La place du Marché-des-Chartrons.
▲ Brocante et rue Notre-Dame.

métallique de la fin du XIXe siècle, elle est pourvue de dix-huit baies en plein cintre. Elle accueille régulièrement des concerts, des expositions et autres manifestations. Par les rues Notre-Dame, de la Pomme-d'Or, Barreyre et André-Darbon, on peut rejoindre l'agréable **Faubourg des Arts**, îlot d'anciens chais réhabilités en ateliers d'artistes et d'artisans d'art.

Du sang neuf autour des marais

C'est au XIVe siècle que remontent les origines du faubourg des Chartrons. Au plus fort de la guerre de Cent Ans, des moines chartreux du Périgord trouvèrent refuge à Bordeaux, en un lieu marécageux au bord de la Garonne, où étaient entreposés les vins dits « étrangers ». Au début du XVIIe siècle, les marais furent asséchés par le Flamand Conrad Gaussen. Des chais, entrepôts et habitations de négociants venus des Flandres, des villes hanséatiques, d'Angleterre ou d'Irlande s'édifièrent le long du fleuve. Cet apport exotique marqua fortement le caractère de la ville.

À faire

Explorer le **marché des bouquinistes** sous la halle des Chartrons tous les 3e samedis du mois, fêter la **brocante** et le vin nouveau rue Notre-Dame en octobre, boire un verre au **Bar Notre-Dame**, intemporel bistrot de quartier, ou au **Golden Apple**, plus ancien pub de Bordeaux rue de la Pomme d'Or.

Où manger ?

À la terrasse d'un des très nombreux restaurants de la place du Marché des Chartrons, mais aussi sur le pouce mexicain à la **Copa Rota**, rue Notre- Dame ; sur le pouce traditionnel au **Pétrin Moissagais**, cours de la Martinique, dont le four à bois chauffe depuis sa construction en 1765 ; et encore, bistronome au **Mirabelle**, rue Camille Godard, chez son cousin italien le Mirabella, cours Evrad-de-Fayolle ou option gastronomique, enfin, au 133, rue du Jardin-Public.

3// En s'écartant un peu du centre

Le quartier Mériadeck

Familier à toutes les oreilles locales, le nom de **Mériadeck** (celui d'un ancien archevêque) ne convoque pas les mêmes images chez toutes les générations de Bordelais. De l'espace marécageux qui s'étendait jadis à l'extérieur du rempart ouest de la ville, aucun autochtone vivant ne peut bien sûr se souvenir. C'était avant le XVIIe siècle ! Mais bien des anciens se rappellent le quartier populaire, bigarré, gouailleur, à la fois malfamé et solidaire, insalubre et pittoresque dont le marché aux puces et les prostituées faisaient une part de l'attraction.

De cela, Bordeaux a fait table rase à partir de la fin des années 1950, démolissant sur 26 ha pas moins de 870 immeubles. Une rénovation urbaine radicale a vu les premières constructions pousser au début des années 1960 avec l'idée d'élever un quartier sur une dalle de béton. Patchwork d'immeubles ajoutés depuis, le Mériadeck d'aujourd'hui est encore considéré comme exemplaire par les spécialistes de l'urbanisme. L'exemple, comme souvent, ne fait pas l'unanimité. Et l'esthétique architecturale de ce quartier mixte de résidence, d'administrations et services suscite toujours les controverses.

Mais il reste intéressant de se forger son opinion et d'inventorier les bâtisses : l'**hôtel de la Métropole** (la plus haute tour des environs) ; le **siège de la Caisse d'épargne** édifié en 1977 en s'inspirant de l'architecture-sculpture des années 1960 ; les deux blocs cubiques en verre teinté imbriqués de la **préfecture** ; ou la plus récente **Cité municipale** dont les volumes décalés symbolisent la jonction de deux secteurs de la ville.

Hormis un centre commercial (le plus vaste du centre-ville), le quartier Mériadeck dispose aussi de structures de culture et de loisirs : la bibliothèque Mériadeck, la principale de Bordeaux, qui abrite les manuscrits de Montaigne ; un bowling et une patinoire.

▲ Mériadeck.

▶ de haut en bas : la Cité municipale ; un immeuble 1970 ; la Caisse d'épargne.

Urbanisme au XXe siècle

Après un XVIIIe siècle mirobolant et un XIXe siècle qualifié de « temps de l'immobilisme », Bordeaux doit attendre jusqu'à la moitié du XXe siècle pour voir reprendre les grands travaux d'urbanisme. La création d'une communauté urbaine en 1966 va contribuer à la modernisation du tissu urbain : création de la cité du Grand Parc et du quartier du Lac avec son parc des expositions et son complexe hôtelier, transfert des universités en périphérie et rénovation de Mériadeck autour du seul espace vert créé en France depuis 1914 au cœur d'une ville.

À faire

Aller faire une pause sur l'esplanade Charles-de-Gaulle au cœur de Mériadeck (accès par les escaliers près de la Cité municipale ou par un chemin 27 rue Jean-Fleuret) et découvrir l'aménagement typique de « l'urbanisme sur dalle ».

Où manger ?

Rue Georges-Bonnac, chez **Racines**, sous les fines influences franco-écossaises de Daniel Gallacher ou japonais chez **AOI Izakaya** ; libanais de l'autre côté de Mériadeck, chez **Fleur de Cèdre**, rue d'Ornano, ou sur le pouce, au **Café Gusco**, rue Lecoq.

Le quartier Saint-Bruno

À l'ouest de Mériadeck, le quartier Saint-Bruno tient son nom de la belle église XVIIe siècle, ancienne chapelle des Chartreux à l'origine dédiée à Notre-Dame de la Miséricorde. Rare exemple d'architecture baroque à Bordeaux, l'**église Saint-Bruno** est – avec la grille du portail de l'entrée principale du cimetière voisin – le seul vestige du couvent commandé par le cardinal de Sourdis en 1611 et achevé en 1672. Directement inspirée par l'architecture religieuse romaine des XVIe et XVIIe siècles, l'église présente une nef unique de 46 m de long, dont la voûte est recouverte de fresques en trompe-l'œil signées du peintre Juan Antonio Berinzago. À la façade richement ornée répond un chœur au décor comparable aux plus beaux ensembles de pierre et marbre polychrome de la Rome pontificale. À gauche du chœur, une salle voûtée abrite le tombeau des Sourdis.

En face de l'église, l'ancien jardin des Chartreux s'est mué en 1791 en **cimetière de la Chartreuse**. Considéré comme l'un des plus riches et des plus intéressants de France, il est pour les visiteurs hors de peine un véritable musée de l'architecture, de l'art et de la sculpture funéraires. Une visite orientée peut permettre d'y repérer les sépultures célèbres (le cénotaphe de Goya ou la tombe de Flora Tristan…), mais l'inventaire émouvant des stèles, tombeaux, mausolées, sarcophages et des épitaphes, sculptures ou médaillons qui les accompagnent se passe de notoriété. Considéré comme « magnifique » par Stendhal en 1838, le cimetière de la Chartreuse ne séduit pas autant Flaubert en 1840 qui juge que « la vanité ici a eu recours à la bêtise qui l'a bien secondée. Des pyramides de granit, explique l'auteur de Madame Bovary, sont entassées sur des épiciers, des sarcophages de marbre sur des armateurs ; au jour du jugement ceux qui ont le plus de pierre sur eux ne seront peut-être pas les plus prompts à monter au ciel, chargés qu'ils seront du poids

▲ L'église Saint-Bruno.
◀▼ Le cimetière de la Chartreuse.

▶ Street art du collectif Monkey Bird sur le mur de la Patinoire.

de leur orgueil ». Mais la nécropole bouleverse les frères Goncourt, en 1854, qui y voient un « riant pré de la mort tout ensoleillé avec, par ci, par là, la pâle et aérienne verdure d'un saule répandu comme les cheveux noués d'une femme en larmes ». Le saule pleureur n'est plus là, mais chacun se fera son opinion.

À faire

Suivre le mur ouest du cimetière vers le sud jusqu'au cours du Maréchal-Juin et admirer la belle œuvre monumentale de street art du collectif **Monkey Bird sur le mur de la Patinoire**.

Où manger ?

Au **Clos d'Augusta**, la très élégante table de Samuel Zuccoloto tout en bas de la rue Georges-Bonnac, côté boulevards ; au **Bistrot du Sommelier**, dans la même rue un peu plus haut, ou au gourmet **Loco By Jem's** rue d'Ornano.

Au temps des épidémies

Le XVIIe siècle fut, à Bordeaux, celui du grand combat contre les marais. Traversant la cité pour se jeter dans la Garonne, ceux-ci avaient fait de la capitale de la Guyenne « une ville de fièvres et de paludisme » où les épidémies étaient plus graves que partout ailleurs. Quel souvenir que celui de la peste qui, en 1585, tua 14000 Bordelais sur 35000 habitants ! Elle poussa même le maire de l'époque, Michel de Montaigne, à fuir sa ville… C'est l'archevêque François de Sourdis qui assainit les terres marécageuses à l'ouest de la ville pour construire le couvent des Chartreux près de l'église Saint-Bruno.

Caudéran et le Parc bordelais

Juste au-delà des boulevards, le quartier chic de Caudéran cultive son élégance avec un rien de fierté. Ancienne commune indépendante rattachée à Bordeaux en 1965, elle s'apparente au faubourg de Saint-Seurin qu'elle prolonge vers l'ouest. Urbanisées du XVIIe siècle au XIXe siècle, les terres de vignes et de pâtures du Moyen Âge se sont progressivement couvertes de maisons de campagne, d'altières demeures, d'échoppes, d'hôtels particuliers et de villas avec jardin, dont les résidences collectives construites postérieurement n'ont pas occulté le charme. Une balade dans ce « Neuilly bordelais », comme on l'appelle parfois, se révèle agréable sur le chemin du parc. Exercices d'admiration de la **chartreuse de Mirande** (XVIIIe siècle, 20, avenue de Mirande), de la **maison Pérusat**, inspirée de Le Corbusier (1931, 42, rue Dauphine) et des exceptionnelles constructions de l'avenue Carnot, parmi lesquelles la célèbre **maison-atelier Ferret** (1910, à l'angle de la rue du Bocage) ou la **maison Schwabe** (1908, au n° 42).

Mais la vedette de Caudéran, celui pour lequel, régulièrement, tout Bordeaux traverse la ville, reste le **Parc bordelais**. Inauguré en 1888 par le président Sadi Carnot en personne, ce vaste jardin de 28 ha a été pensé par le paysagiste Eugène Bühler comme une enclave de campagne en ville. La récente réhabilitation (2004-2006) de l'architecte-paysagiste Françoise Phiquepal n'a pas altéré cette vocation. Labellisé « Jardin remarquable de France », le parc abrite, entre ses belles grilles de fer forgé, une petite chênaie, des chemins, un grand plan d'eau d'1,2 ha, quelques statues (dont *l'Enlèvement d'Iphigénie par Diane*, de Félix Soules, appartenant au musée d'Orsay), des cygnes, un Guignol, une petite ferme et ses animaux de races autochtones, mais surtout quelque 3000 arbres dont un tiers est plus que centenaire, et dont certains spécimens flirtent avec les 50 m de haut et les 300 ans.

◀ Le Parc bordelais.
▲ La rue du Bocage et ses maisons Art déco.

▲ Le stade Chaban-Delmas.

À faire

Commencer à Caudéran sa petite collection d'Art déco ! Près de la place des Martyrs-de-la-Résistance, rue Fernand-Cazères, le **théâtre de la Pergola** offre un exemple d'édifice public de ce style Art déco. Achevée en 1932, cette ancienne salle des fêtes voit sa façade toujours ornée des sculptures en staff d'Edmond Tuffet représentant la Danse et la Musique. Pour les amateurs de ce style, continuation recommandée par l'ancien **centre de tri postal Saint-Jean**, dans le quartier Euratlantique (1929), avec des mosaïques Gentil et Bourdet ; la **piscine Judaïque** (1935) ; le **stade Chaban-Delmas** (1935) ou la **Bourse du Travail** (1938, 44, cours Aristide-Briand).

Où manger ?

À **L'Avenue Carnot**, enclave gastronomique au n° 2 du même nom ; au **Temps à Nouveau**, avenue d'Arès, ou encore près de l'extrémité ouest du Parc Bordelais, chez Laurent – **La Pizza Fine**, avenue du Général-Leclerc.

Autour du Parc Rivière

Avec ses 4 ha, bien sûr, le petit **parc Rivière** n'ose faire concurrence ni au Jardin public, ni au Parc Bordelais. Ouvert en 1982, entre la rue Mandron et la rue Rivière, le benjamin des parcs de la ville n'en est pas moins séduisant. Cultivant sa verdure entre les élégantes maisons du quartier Tivoli et les ensembles du Grand Parc, il distille un charme spécial, vanté par ses habitués en secret. L'atmosphère assez romantique de cet ancien domaine privé tient sans doute en partie aux ruines toujours présentes du castel qu'avait fait construire le baron de Luze au XIXe siècle. Mais sa beauté doit beaucoup aussi à ses arbres souvent centenaires : ses cèdres du Liban et de l'Atlas à la stature imposante, son hêtre de près de 30 m, son cyprès chauve de 35 m, ses platanes de presque 40 m et ses plus vieux chênes verts, parmi les doyens de Bordeaux.

À une centaine de mètres de là, au 16, rue de Tivoli, les jardins à la française du **château Labottière** présentent une végétation plus sophistiquée. Ils sont composés d'une allée centrale d'ifs taillés en champignon, de buis et de bégonias, les seules essences autorisées dans les jardins classés. Bâti en 1770 pour les frères, libraire et imprimeur, Jacques et Antoine Labottière, cette ravissante « folie » XVIIIe siècle est occupée depuis 2011 par l'**Institut culturel Bernard Magrez**. Dessiné par le même architecte que celui qui accueille le musée des Arts décoratifs et du Design (Étienne Laclotte), le bâtiment néoclassique côtoie donc désormais des œuvres d'art contemporaines issues de la collection personnelle du mécène bordelais, de Paul Almasy à Shen Yuan en passant par Buffet, Combas, Hartung, JR, Lévêque, Murakami, Salgado, Soulages ou Warhol. Lieu de résidences artistiques et d'importantes expositions temporaires, le centre d'art accueille également des conférences.

◀ Le Parc Rivière.
▲ Le château Labottière, Institut culturel Bernard Magrez.
▼ La Maison du jardiner, dans le parc Rivière.

À faire

Aller prendre une tisane, des conseils ou simplement une pause admirative à la Maison du jardinier et de la nature en ville. Superbement restaurées, les anciennes écuries du domaine de Luze ont été transformées en une **Maison du jardinier et de la nature en ville** accueillant ateliers et animations. La Maison du jardinier aspire à convertir le plus grand nombre au jardinage écologique et à ses vertus.

Où manger ?

Dans le jardin du gastronome **Pavillon des Boulevards**, rue de la Croix-de-Seguey, au **Roi Carotte** boulevard du Président Wilson ou sur le pouce avec l'une des gourmandises sucrées ou salées de l'artisan boulanger **Antone**, rue de Laseppe.

Bordeaux-Lac et ses parages

Presque tout au nord de la ville, le quartier dit de Bordeaux-Lac compose un drôle de patchwork où se côtoient, et parfois s'imbriquent, les paysages les plus urbains et les derniers reliquats de campagne. Gagnée sur des marais dans le courant des années 1960, cette extension protéiforme continue sa métamorphose. Creusé entre 1962 et 1966, le lac avait ouvert la danse. Il reste la figure tutélaire des parages et ses 160 ha bien adoptés des Bordelais accueillent de nombreuses activités de nautisme et même, en été, de baignade, depuis sa plage de sable au sud. S'il ne fait pas tout à fait le poids en taille (12 ha), le centre commercial de Bordeaux-Lac, à l'est, est un fort point d'attraction du quartier. La découverte de la ville peut cependant se passer de cette étape. Le vaste **parc des expositions**, au nord du lac, le **palais des congrès** et le **casino**, au nord-est, et au-delà encore le camping international (le seul sur les terres bordelaises), le **bois de Bordeaux** et le **golf** attirent leurs publics dédiés. Mais c'est bien sûr le **Stade Matmut Atlantique** qui remporte la palme de l'attractivité. Inauguré en mai 2015, le parallélépipède géant aux lignes légères dessiné par les architectes Herzog et de Meuron peut accueillir plus de 42 000 spectateurs.

À noter, enfin, que c'est au sud-est du lac que se trouve le premier éco-quartier de Bordeaux. Inauguré progressivement depuis 2012, Ginko est l'un des grands projets urbanistiques du XXIe siècle. Architecturalement éclectique (plus de vingt agences ont participé), le site aspire à la conciliation des exigences parfois antagonistes de bien-être et d'écologie. Constructions HQE (Haute Qualité Environnementale), cheminements doux, recours aux énergies renouvelables et autres préférences données aux transports en commun sont les principes d'un projet conçu pour être exemplaire dans la mutation de Bordeaux en métropole durable.

◀ Le Parc Rivière.
▲ Le château Labottière, Institut culturel Bernard Magrez.
▼ La Maison du jardiner, dans le parc Rivière.

À faire

Aller prendre une tisane, des conseils ou simplement une pause admirative à la Maison du jardinier et de la nature en ville. Superbement restaurées, les anciennes écuries du domaine de Luze ont été transformées en une **Maison du jardinier et de la nature en ville** accueillant ateliers et animations. La Maison du jardinier aspire à convertir le plus grand nombre au jardinage écologique et à ses vertus.

Où manger ?

Dans le jardin du gastronome **Pavillon des Boulevards**, rue de la Croix-de-Seguey, au **Roi Carotte** boulevard du Président Wilson ou sur le pouce avec l'une des gourmandises sucrées ou salées de l'artisan boulanger **Antone**, rue de Laseppe.

Bordeaux-Lac et ses parages

Presque tout au nord de la ville, le quartier dit de Bordeaux-Lac compose un drôle de patchwork où se côtoient, et parfois s'imbriquent, les paysages les plus urbains et les derniers reliquats de campagne. Gagnée sur des marais dans le courant des années 1960, cette extension protéiforme continue sa métamorphose. Creusé entre 1962 et 1966, le lac avait ouvert la danse. Il reste la figure tutélaire des parages et ses 160 ha bien adoptés des Bordelais accueillent de nombreuses activités de nautisme et même, en été, de baignade, depuis sa plage de sable au sud. S'il ne fait pas tout à fait le poids en taille (12 ha), le centre commercial de Bordeaux-Lac, à l'est, est un fort point d'attraction du quartier. La découverte de la ville peut cependant se passer de cette étape. Le vaste **parc des expositions**, au nord du lac, le **palais des congrès** et le **casino**, au nord-est, et au-delà encore le camping international (le seul sur les terres bordelaises), le **bois de Bordeaux** et le **golf** attirent leurs publics dédiés. Mais c'est bien sûr le **Stade Matmut Atlantique** qui remporte la palme de l'attractivité. Inauguré en mai 2015, le parallélépipède géant aux lignes légères dessiné par les architectes Herzog et de Meuron peut accueillir plus de 42 000 spectateurs.
À noter, enfin, que c'est au sud-est du lac que se trouve le premier éco-quartier de Bordeaux. Inauguré progressivement depuis 2012, Ginko est l'un des grands projets urbanistiques du XXIe siècle. Architecturalement éclectique (plus de vingt agences ont participé), le site aspire à la conciliation des exigences parfois antagonistes de bien-être et d'écologie. Constructions HQE (Haute Qualité Environnementale), cheminements doux, recours aux énergies renouvelables et autres préférences données aux transports en commun sont les principes d'un projet conçu pour être exemplaire dans la mutation de Bordeaux en métropole durable.

◀ Le lac de Bordeaux.

▲ Le quartier Ginko et le Stade Matmut Atlantique.

Magnolias, pivoines et rhododendrons

Au nord de Bordeaux, géré de façon écologique, le **Bois de Bordeaux** (87 ha) est composé d'essences forestières d'Europe et d'Amérique du Nord. Il ménage une zone refuge pour la faune qui garantit notamment que les joggeurs gagnent toujours leur course contre la cistude d'Europe, petite tortue protégée présente sur les lieux. Le **Parc floral** mitoyen présente, quant à lui, des collections horticoles : déclinaisons de pivoines herbacées ou arbustives, d'iris ou encore de rhododendrons. Comptant près de 500 variétés, une importante roseraie raconte l'histoire de la fleur reine de l'Antiquité à nos jours sur quelque 5000 m².

Où manger ?

Près du Lac, chez **Casa Ferretti**, pour de bonnes spécialités italiennes, ou chez **Les Dames du Lac**, étals de cuisine vietnamienne qui fleurissent sur la berge sud le week-end, entre le printemps et l'automne, aux beaux jours.

▶ Parc floral.

4// Bordeaux d’en face

On navigue désormais sur le fleuve
depuis les Chantiers de Garonne.

La caserne Niel et Darwin

Darwin s'est imposé en quelques années comme le point d'ébullition de la ville, le fief branché d'une avant-garde alternative. Installé sur les terres désertées de l'ancienne caserne Niel, Darwin est un petit monde dédié au développement économique responsable, à l'entrepreneuriat social, à la transition écologique et à l'activisme citoyen. Y collaborent et cohabitent des structures impliquées dans l'économie verte, le commerce responsable ou l'économie créative ; des acteurs parlant solidarité, résilience et coopération, réunis par l'envie d'explorer les nouvelles voies qui concilieraient économie et écologie.

Gagnant progressivement sur les 10 000 m^2 de l'ancienne friche militaire, le lieu se rénove dans les règles écologiques de l'art et s'ouvre au public. Là où, à l'aube des années 2010 encore, seuls quelques grapheurs s'aventuraient dans les bâtisses monumentales, c'est plus d'un millier de personnes qui fréquentent désormais quotidiennement ce décor extraordinaire. Ceux qui ne viennent pas travailler à l'espace de coworking préfèrent parfois « rider » au Hangar où un skatepark indoor a été conçu avec des matériaux de récupération ; pratiquer des sports doux ou des soins relaxants au Bivouac ; réparer ou faire réparer leur vélo à l'Étincelle ; faire leurs courses bio et locales à l'Épicerie ; répertorier les plus belles vues de street art dans les allées. C'est tout un petit monde en évolution qui s'expérimente et s'épanouit là.

◀ Darwin. ▲ Chez Alriq.

Au temps du 18e escadron du Train

La caserne Niel était le quartier militaire du 18e escadron du Train (le Train étant l'arme chargée de la logistique de l'armée de Terre). L'armée racheta d'abord, en 1874, à la Compagnie anonyme des magasins publics et généraux des Queyries, un énorme entrepôt connu sous le nom de « Magasin général » datant des années 1850. La caserne proprement dite fut construite trois ans plus tard sur les prairies et les vignobles attenants. En activité jusqu'en 2005, le site accueillit de nombreuses troupes, connut deux guerres et fut occupé par les Allemands en 1940, lesquels logèrent notamment les prisonniers espagnols chargés de construire la base sous-marine.

Où manger ?

Au « **bistrot-réfectoire** » du **Magasin général** de Darwin, le plus grand restaurant bio de France dans sa déco typée ou, le soir, bien sûr, aux beaux jours, à la guinguette **Chez Alriq** presque en face, en bord de Garonne.

La Bastide des XIXe et XXe siècles

Annexé par Bordeaux en 1865, le morceau de commune de Cenon-La Bastide qu'on désigne depuis lors comme le « quartier de Bordeaux-Bastide » semble quasiment balisé de points de repère chronologiques qui illustrent son urbanisation. L'ouverture du pont de Pierre en 1822 a sonné le gong de la mutation de cette plaine jusqu'alors couverte de vignes et autres cultures. Il a commandé l'aménagement de la nouvelle route de Paris (aujourd'hui **avenue Thiers**) terminée en 1830 et celui, en suivant, de la place du Pont (1840), renommée **Stalingrad** en 1946 pour honorer le sacrifice des Soviétiques contre les Allemands. C'est à quelques dizaines de mètres à l'ouest, en bord de Garonne, que 1852 a vu naître la **gare d'Orléans**. Dessinée par l'architecte Darru, dans un style néoclassique, elle présente un plan en U typique des gares de tête de ligne, avec un corps central et deux ailes en retour. Désaffecté en 1990, le bâtiment accueille désormais un cinéma multiplex.

L'arrivée du chemin de fer et la mise en service, en 1860, de la passerelle ferroviaire ont entraîné d'autres changements : une activité industrielle extrêmement active a commencé à se développer. Visibles des quais de Bacalan à la porte des Salinières, **les Grands Moulins de Paris**, au 38, quai de Brazza, en sont un des plus beaux souvenirs vivants. Après avoir longtemps produit des farines destinées à la consommation courante et à l'alimentation du bétail, l'énorme minoterie fournit désormais les artisans boulangers-pâtissiers de la région ainsi que des biscuiteries et biscotteries.

Au 20, rue de Châteauneuf, encore, plus au cœur du quartier, **la Maison cantonale** témoigne du développement administratif de la Bastide. Construite en 1926 pour abriter un commissariat de police, un prétoire de justice de paix, une bibliothèque, une salle de conférences et des bureaux municipaux, elle présente une architecture inédite signée Cyprien Alfred-Duprat inspirée des mai-

◀ La Caserne des pompiers.
▼ L'avenue Thiers et la Maison cantonale.

sons communes médiévales et considérée comme une transition entre Art nouveau et Art déco.
Mais c'est sans conteste la **caserne de la Benauge** qui symbolise le plus radicalement le renouveau architectural de la rive droite au siècle dernier. Dominant la Garonne, à l'angle du quai Deschamps, le bâtiment dessiné par les architectes Claude Ferret, Adrien Courtois et Yves Salier fut achevé en 1954 par une façade en aluminium signée Jean Prouvé. Tour à tour encensée et conspuée, la caserne des pompiers toujours en service semble influencée à la fois par les théories de Le Corbusier et le fonctionnalisme français, l'école du Bauhaus et l'architecture contemporaine brésilienne. Jacques Chaban-Delmas en parlait comme de « l'affirmation du XXe siècle face à l'admirable XVIIIe ».

Où manger ?
Dans un des restaurants des bords de Garonne (**L'Estacade**, **Le Café du Port**…), sur le pouce, chez **Humming**, place Stalingrad ou au **Garde-Manger**, avenue Thiers ; plus gastro, à **L'Oiseau Bleu** ou juste à côté au néo-bistrot chic **Côté Zinc**, toujours sur l'avenue Thiers.

À faire
Revenir rive gauche **en Bat3**, la navette fluviale du réseau de transports en commun bordelais. On peut embarquer depuis le ponton Yves-Parlier, place Stalingrad, et voyager pour le prix d'un ticket de tram !

Le vestibule du XXIe siècle

Statufié depuis 2005 sur la place Stalingrad, le **Lion** géant de Xavier Veilhan annonce d'emblée la couleur : la rive droite de Bordeaux n'entend pas végéter sur ses berges. Successivement aiguillonnée par l'arrivée du tramway et l'inauguration du pont Bacalan-Bastide, le quartier vit une mutation d'envergure. Au débouché du pont levant, par exemple, le secteur de **Bordeaux-Brazza**, considéré comme l'indispensable chaînon manquant entre la rive gauche et le quartier de Bastide-Niel, est en pleine métamorphose. Pensée comme un espace de liberté urbanistique, la zone de 53 ha voit se côtoyer logements sur pilotis, immeubles en front de Garonne, équipements ludiques ou sportifs, activités économiques et artisanales, hôtellerie et autres équipements publics entrecoupés de lanières vertes, de jardins collectifs et d'une « **Brazzaligne** » directement inspirée de la « highline » new-yorkaise.

Au bout sud de La Bastide, au débouché du benjamin des ponts de Bordeaux (Simone-veil), le projet dit « **Garonne-Eiffel** » s'intègre quant à lui à l'énorme projet Bordeaux-Euratlantique lié à l'arrivée de la Ligne ferroviaire à Grande Vitesse (LGV). S'étendant sur 127 ha (dont 39 ha à Floirac), cet autre programme important de la rive droite compléte non seulement le centre d'affaires de Saint-Jean-Belcier mais entraînera la transformation de 2 km de façade fluviale incluant la reconversion de la caserne de la Benauge.

En attendant l'achèvement de ce tourbillon de jouvence, quelques belles réalisations architecturales annoncent déjà le changement. C'est le cas, par exemple, des **ateliers-garages du tramway,** rue Bouthier, et leur superbe toit en vagues de cuivre, conçus par l'architecte Jacques Ferrier en 2003. Mais aussi des **Archives Bordeaux Métropole** inaugurées en 2016 dans une ancienne halle aux farines du XIXe siècle magistrale-

◀ Le Lion bleu.

◀ La fabrique Pola.

▲ Les Archives Bordeaux Métropole, les nouvelles archives municipales.

◀ La gare d'Orléans.

ment reconvertie par les architectes belges Robbrecht et Daem.

Moins spectaculaire architecturalement, le siège de la **Fabrique Pola** mérite enfin d'être visité en bord de Garonne. Ruche artistique et culturelle rassemblant des collectifs ou associations dédiés à l'architecture, l'art contemporain, l'édition, le graphisme, le numérique, l'audiovisuel, l'impression ou l'illustration, le lieu d'ébullition ménage plusieurs espaces ouverts au public : buvette des promeneurs, supérette artistique, cuisine et espaces d'exposition, de spectacles ou de performance.

À faire

Visiter la **boutique de l'Usine Jock**, au 190 quai de Brazza, siège de la marque inventeuse en 1938 de la fameuse crème à la vanille, représentante du patrimoine gourmand bordelais.

Où manger ?

Aux **Chantiers de la Garonne**, un ancien hangar de bateaux au bord de l'eau, promoteur d'une cuisine maritime locale avec vue sur le fleuve, ou chez **Casa Vino**, bar à vin italien du nouveau quartier Brazza, rue Alix d'Unienville.

Le parc aux Angéliques

Des arbres ombrageant une prairie rustique bordée d'une frange tout ébouriffée qui se trempe les pieds dans l'eau deux fois par jour aux marées et où prospèrent les roseaux et la discrète angélique des estuaires, fragile ombellifère protégée… Les berges de la rive droite ont gardé un côté sauvage qui tranche avec leurs voisines d'en face. D'abord inauguré au nord du pont de Pierre, le **parc aux Angéliques** longe la Garonne en cherchant davantage à naturaliser le paysage qu'à le domestiquer selon la volonté du paysagiste Michel Desvigne. Frênes, érables, merisiers, charmes, chênes des marais… 4500 arbres d'essences indigènes ont été réintroduits sur les anciens terrains du port autonome et conquièrent progressivement les espaces laissés vacants par les entreprises. Rejoignant le pont Chaban-Delmas, ils complètent une boucle reliant les deux rives avec le pont de Pierre.

Au sud de celui-ci, dessiné par les paysagistes Patrick Écoutin et Pascal Cribier, le plus récent tronçon du parc alterne, jusqu'au pont Saint-Jean, séquences contemplatives de la rive gauche et portions plus sportives ou ludiques.

Le **Jardin botanique** de La Bastide est venu étendre, en 2003, l'espace contingenté de son siège historique au Jardin public. La paysagiste Catherine Mosbach et l'architecte Françoise-Hélène Jourda ont dessiné sur 4 ha un lieu hybride de promenade et de recherche scientifique. Sélectionné parmi 350 autres, leur projet a reçu le prix européen du paysage Rosa Barba. Il a même été exposé au MoMA, à New York. Mais rien ne vaut la visite réelle. Le cheminement botanique part des berges de la Garonne et traverse successivement végétation aquatique (la première forme de vie végétale apparue sur Terre), galerie des milieux (onze écosystèmes caractéristiques de la région), champ de culture (où l'on comprend comment l'Homme a appréhendé le monde végétal), plantes grimpantes ou pionnières et serres abritant notamment une végétation de type méditerranéen.

◀ Le Jardin botanique. ▲ Le parc aux Angéliques.
▼ Balade quai de Queyries.

Un square pour l'abolition

Le cœur du parc aux Angéliques abrite un square verdoyant baptisé Toussaint Louverture. Offert par la République d'Haïti, un buste du héros de la guerre d'indépendance regarde vers le large. Il rappelle que Bordeaux fut responsable de plus de 10 % du trafic français de la traite négrière. Mais aussi qu'un de ses fils, Isaac, vécut là jusqu'à y trouver sa dernière demeure. Il repose au cimetière de la Chartreuse.

◀ Le buste de Toussaint Louverture, quai de Queyries.

Carnet pratique

Venir de l'aéroport (Mérignac)

Le plus rapide (et le plus cher) : 30 Direct. 365 jours par an, liaisons directe jusqu'à la gare Saint-Jean en une demi-heure environ.
Ceux qui sont moins pressés et/ou plus économes peuvent rallier Bordeaux pour le prix d'un ticket de transport en commun. La Liane 1 dessert la barrière Judaïque, Gambetta, le Palais de Justice, la place de la Victoire et la gare de Bordeaux Saint-Jean en une heure environ. Elle est connectée à la ligne C du tramway à Mérignac, arrêt « Lycées de Mérignac ».

Venir de la gare Saint-Jean

La gare de Bordeaux Saint-Jean est desservie par les lignes C et D du tramway et par 5 lignes de bus : Lianes 1 + 9, 10, 11 et 31.

Se déplacer dans Bordeaux

• En tram
Quatre lignes de tram traversent le territoire de la métropole bordelaise de 5 h à minuit ou 1 h du matin : voir plan au verso de la couverture.

• En bus
85 lignes de bus maillent l'agglomération de 5 h à 21 h ou 1h du matin. La majorité des arrêts fournissent en temps réel les informations relatives à la circulation et aux connections possibles.

• À vélo
Le centre-ville très plat de Bordeaux et ses nombreuses pistes cyclables rendent la ville très agréable à parcourir à vélo. 179 stations de vélos en libre-service (**V3**, à prononcer «VCub») sont accessibles 24 h/24 h via leur borne, avec une carte de crédit.

• En bateau
Accessibles avec un simple ticket de transport en commun, deux bateaux-bus **Bat3** sillonnent quotidiennement la Garonne et desservent quatre arrêts de part et d'autre : les Quinconces et les Hangars, rive gauche, et Stalingrad et Lormont bas, rive droite.

• À pied
À taille humaine, la ville se prête volontiers à sa découverte à pied. Compter par exemple 10 minutes pour aller du Grand Théâtre au Jardin public, une demi-heure pour aller de la place de la Victoire à Darwin ou trois quarts d'heure pour parcourir les quais de la porte de la Monnaie à la Cité du Vin.

Adresses utiles

• Office de Tourisme de Bordeaux, 12 cours du XXX-Juillet ✆ 05 56 00 66 00.
• TBM (transports en commun), place des Quinconces du côté du cours du XXX-Juillet et 9 place Gambetta ✆ 05 57 57 88 88.

Les principaux marchés

• Alimentaires

MARCHÉ DES CAPUCINS. Le ventre de Bordeaux ! Mardi-vendredi 6 h-13 h, samedi 5 h 30-14 h 30, dimanche 5 h 30-14 h 30.

MARCHÉ ROYAL (SAINT-MICHEL). Places Canteloup et Meynard. Samedi 7 h-13 h.

MARCHÉ DES QUAIS DES CHARTRONS. Encore parfois surnommé « marché Colbert ». Dimanche 7 h-15 h.

MARCHÉ PEY-BERLAND. Place Pey-Berland. Dimanche 9 h-15 h.

MARCHÉ DES CHARTRONS. Marché couvert, face à la halle des Chartrons. Mardi-samedi 7 h-13 h.

MARCHÉ BIO. Quai des Chartrons. Jeudi matin

MARCHÉ BIO. Place des Martyrs-de-la-Résistance à Caudéran. Samedi matin.

Marché du Grand Parc. Place de l'Europe. Samedi 7h-13h.

Marché Saint-Victor-Dupeux (Arlac). Place d'Arlac. Mardi 7h-13h.

Marché Saint-Seurin. Place des Martyrs-de-la Résistance. Vendredi 7 h-13 h.

Marché Saint Martial (Chartrons). Place Saint-Martial. Vendredi 7 h-13 h.

Marché de la Lumineuse (Bacalan). Rue Achard. Vendredi 7 h-13 h.

Marché Saint-Augustin. Place de l'Église-Saint-Augustin. Mercredi 7 h-13 h.

Marché Pouyanne. Parvis Louis-et-Henri-Pouyanne, 166 cours de l'Argonne. Dimanche 7 h-14 h.

Marché Marie-Brizard. Parvis des ruines du Palais Gallien, rue du Docteur-Albert-Barraud. Dimanche 7 h-14 h.

Marché Gaviniès. Place Gaviniès. Samedi 7 h-13 h.

Marché Calixte-Camelle (la Bastide). Place Calixte-Camelle. Jeudi 7 h-13 h.

Marché du pont Saint Emilion. Sous le pont du côté gauche (sens Bordeaux-Cenon). Vendredi 7 h-13 h.

• Marché neuf (vêtements, tissus et maison)

Place Canteloup et Meynard (Saint-Michel). Lundi et samedi 7 h-13 h.

• Brocante

Place Canteloup et Meynard (Saint-Michel). Dimanche 7 h-13 h.

Crédit photographique

Carine Arribeux: p. 55 haut gauche, 77 bas.
Guillaume Bonnaud: p. 4 haut dr., 4 centre, 4 bas gauche, bas dr., 9, 15 centre, 17 bas, 22, 23 haut, 23 bas, 25 bas, 27 bas, 28, 33 bas droite, 38 haut, 59 bas, 60-61 haut, 71 gauche, 72-73, 78, 79 bas, 81 haut, 82, 83 centre droite, 91 milieu, 93 haut.
Marie Cardinaud: p. 5 bas droite, 5 bas gauche, 8, 11 (x 4), 12 bas, 16, 17 (rond), 18, 20, 24, 31 (x 5), 36 (x 2), 37 (x 5), 38 bas, 39 (x 2), 40, 41 (x 4), 42 (x 2), 43 (x 4), 45 bas, 45 droite, 46, 47 (x 3), 51 (x 2), 53 haut et bas, 56, 59 haut gauche, 60 bas, 60-61 bas, 62 haut, 63 (x 2), 70 bas, 74, 75 (x 5), 76, 77 haut (x 2), 86, 87 bas, 88, 89 bas, 90, 91 bas, 93 bas.
J.-M. Chacun: p. 25 haut gauche, 57 bas, 65 haut.
Fabien Cottereau: p. 5 haut droite, 17 haut, 29 bas, 69 (x 2), 80, 84-85, 93 haut, 94 haut, 95 haut.
Thierry David: p. 13 bas, 14-15 haut, 19 bas, 26, 37 milieu droite, 57 haut, 64 haut, 83 haut droite, 86 bas, 87 haut.
Éric Despujols: p. 13 haut, 15 haut, 54, 81 bas.
Juliette Kane: p. 65 bas.
Stéphane Lartigue: 23 milieu, 55 bas, 56 bas, 61 bas, 84-85, 93 centre.
Pascal Moulin: p. 4 haut gauche, 5 milieu, 12, 14-15 bas, 20 bas, 21, 33 (x 9 photos du haut et en bas à gauche), 34-35, 49 droite, 50, 52, 53 centre, 55 droite, 58, 59 bas droite, 66, 67 (x 2), 68-69, 79 haut, 83, 89 haut, 94 bas, 95 bas.
Claude Petit: p. 19 haut, 29 haut, 48, 61 haut, 70 haut.
Claude Prigent: p. 95 bas.
Quentin Salinier: p. 6-7, 10, 44-45, 49 bas, 59 haut droite, 62 bas, 64 bas, 71 droite, 83 haut gauche, 83 centre gauche et centre droit, 91 haut.
Thomas Sanson: p. 5 haut gauche.
Philippe Taris: p. 23 droite, 60 haut, 65 haut.
Laurent Theillet: 25 haut droite, 30, 49 haut gauche.
Richard Zéboulon: 63 haut.
DR: p. 27.

Plan du tramway

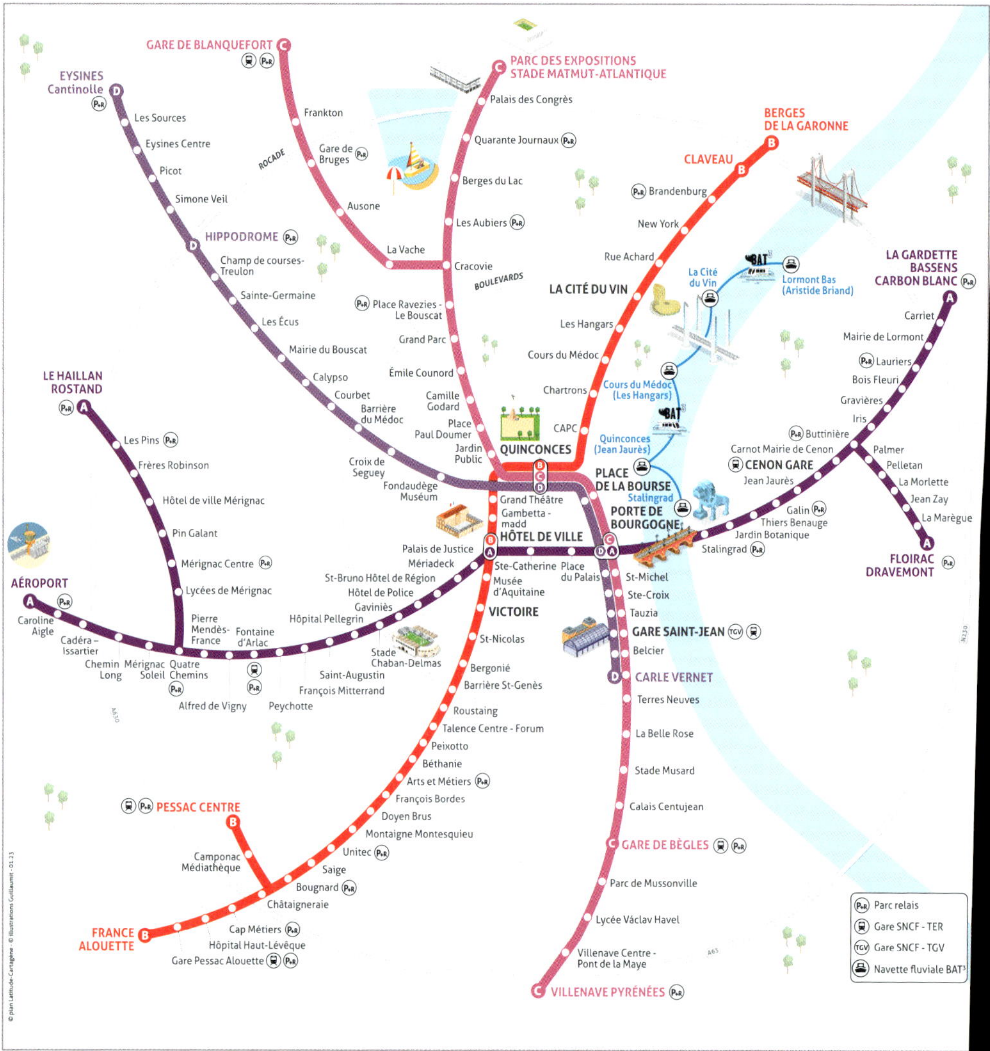

Photo de couverture : David Remazeilles.
En 4e de couverture : Thierry David.

Ce livre a été imprimé par Soler (Espagne).
La gravure est de Labogravure Image à Bordeaux (33).
ISBN : 978-2-8177-1062-4 - N° éditeur : 01.02.06.23